10 WORD SEARCH PUZZLES

WITH THE

AMERICAN SIGN LANGUAGE ALPHABET

BUNDLE 1
ADJECTIVES VERBS ADVERBS

3RD - 5TH GRADE

CLASSROOM LICENSES AVAILABLE!
ASL-WORDSEARCHBOOKS.COM

LEGENDARYMEDIA
PUBLISHING

First published in 2014 by LegendaryMedia Publishing
Windmuehlstrasse 4, 60329 Frankfurt am Main, Germany

ISBN: 978-3-86469-149-2
LM003-004US-B01-E1

Classroom licenses available: www.asl-wordsearchbooks.com/classroom

AMERICAN SIGN LANGUAGE ALPHABET
AS SEEN BY THE VIEWER

A B C D E F G H I J K L M

N O P Q R S T U V W X Y Z

VISIT WWW.FINGERALPHABET.ORG/NORTH-AMERICA/USA FOR MORE INFORMATION ON THIS ALPHABET

BEST PRACTICE FOR FINGERSPELLING

RIGHT HANDED PEOPLE USE RIGHT HAND

LEFT HANDED PEOPLE USE LEFT HAND

1. USE THE HAND YOU WRITE WITH
2. KEEP YOUR HAND STEADY IN ONE AREA (DO NOT BOUNCE AROUND)
3. TRY FOR A SMOOTH RHYTHM AND ACCURATE SIGNS (INSTEAD OF SPEED)
4. PAUSE BETWEEN WORDS
5. DO NOT SAY THE LETTERS WHILE FINGERSPELLING, SAY THE WORDS
6. PRACTICE, PRACTICE, PRACTICE!

ADJECTIVES

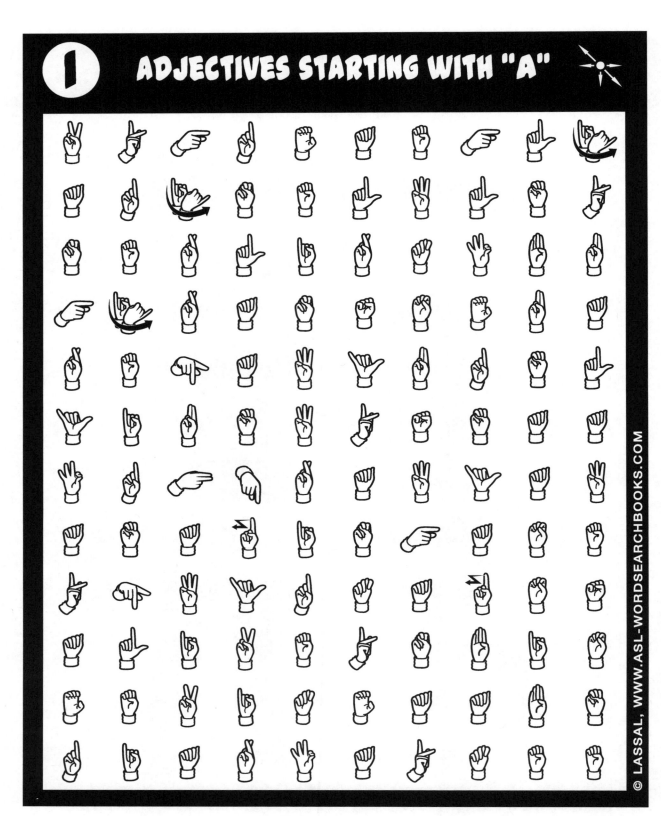

ABLE
ACTIVE
ADORED
AFRAID

ALIVE
AMAZING
AMUSING
ANGRY
ANTIQUE

AWARE
AWESOME
AWFUL
AWKWARD

BAD
BAGGY
BEAUTIFUL
BETTER
BIG

BLIND
BLOND
BOILING
BOUNCY

BRIGHT
BRILLIANT
BROKEN
BRUISED
BUMPY

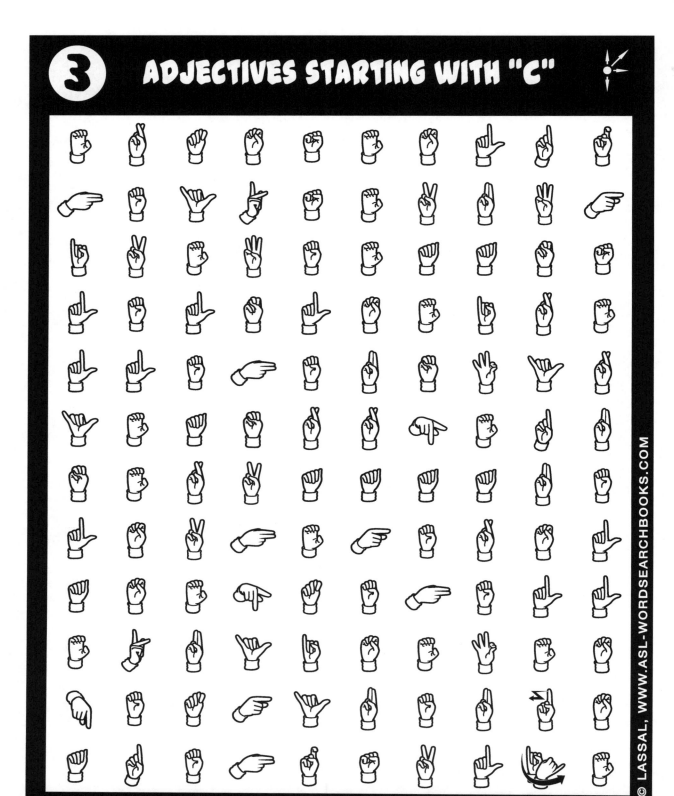

CALM CHILLY COOKED
CAREFUL CLEAR COOL
CARELESS CLEVER COURAGEOUS
CHARMING CLOUDY CRUEL
CHEAP COLD CUTE

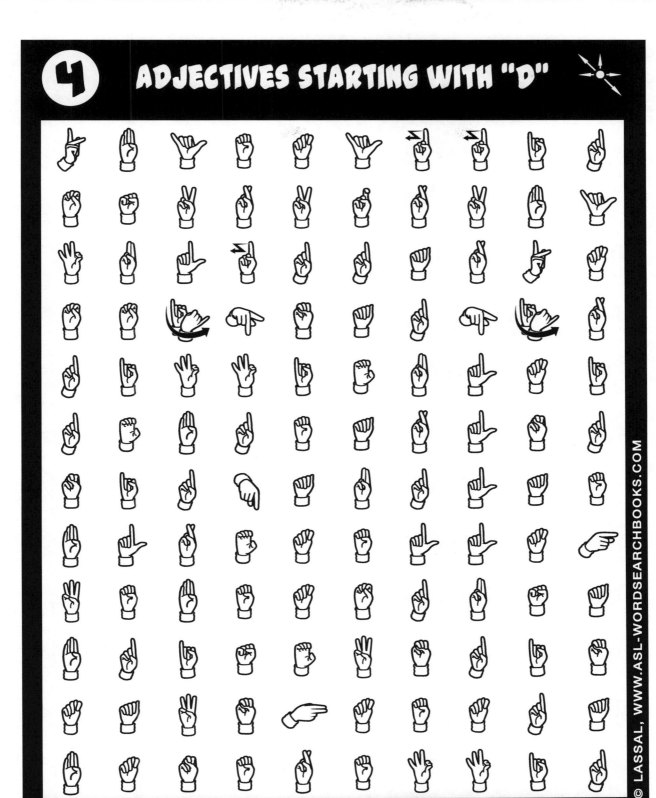

DAMAGED   DELICIOUS   DISTANT

DAMP   DIFFERENT   DIRTY

DARK   DIFFICULT   DIZZY

DEAD   DIRECT   DRY

DEAR   DULL

EAGER   ELECTRIC   EVIL
EARLY   EMPTY   EXCELLENT
EASY   ENCHANTING   EXCITED
ELASTIC   EQUAL   EXPENSIVE
          EVEN

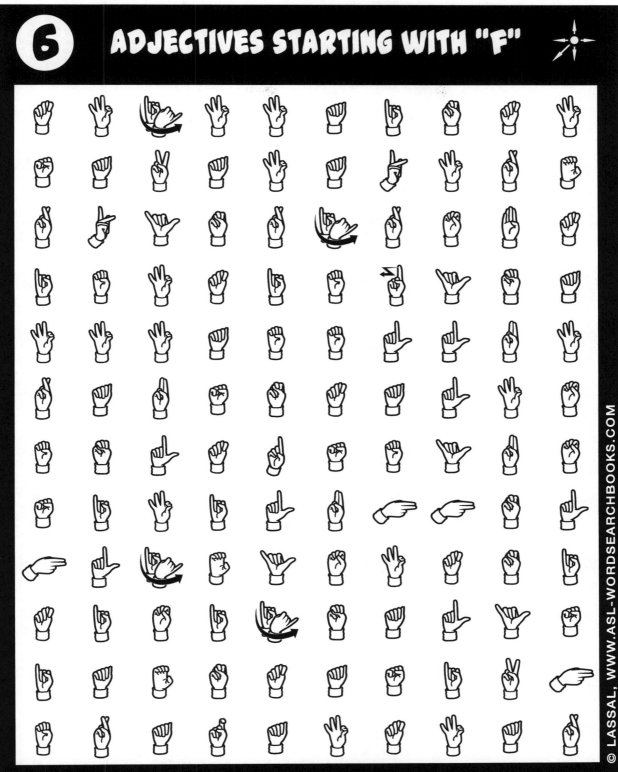

FAINT
FAKE
FAMILIAR
FAMOUS
FANTASTIC
FAR

FAST
FAT
FILTHY
FIRST
FLAT
FLUFFY
FOOLISH

FREE
FRESH
FRIENDLY
FROZEN
FULL
FUNNY

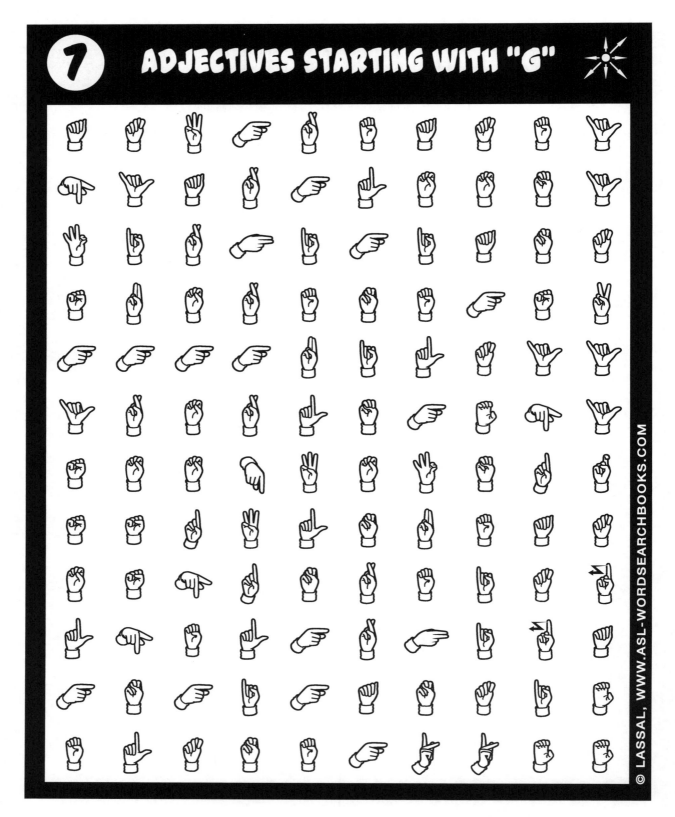

GENEROUS	GLOSSY	GREEDY
GENTLE	GOLDEN	GROSS
GIANT	GOOD	GROWN
GIGANTIC	GRAY	GRUMPY
GLOOMY	GREAT	GUILTY

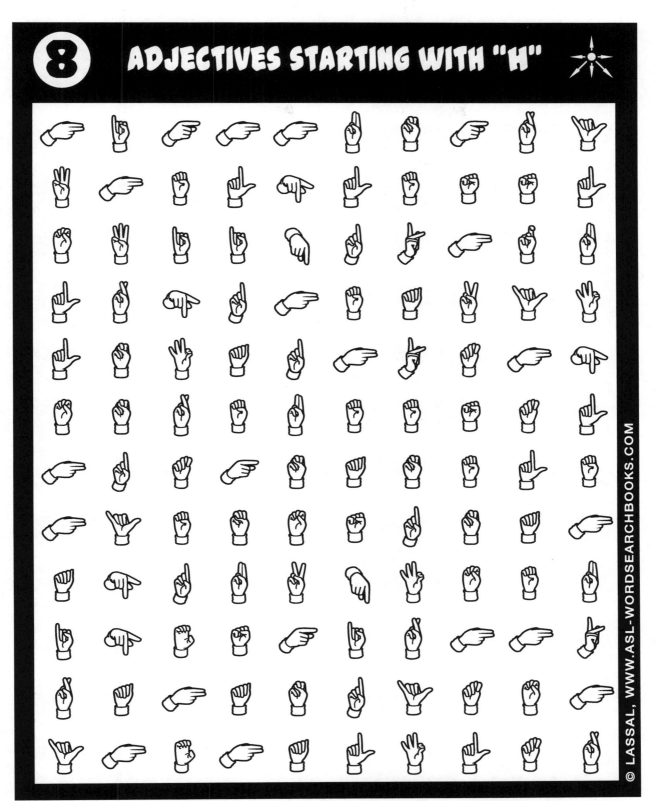

HAIRY
HALF
HANDSOME
HANDY
HAPPY
HARD

HEALTHY
HEAVY
HELPFUL
HELPLESS
HIDDEN

HIGH
HOLLOW
HONEST
HOT
HUGE
HUNGRY

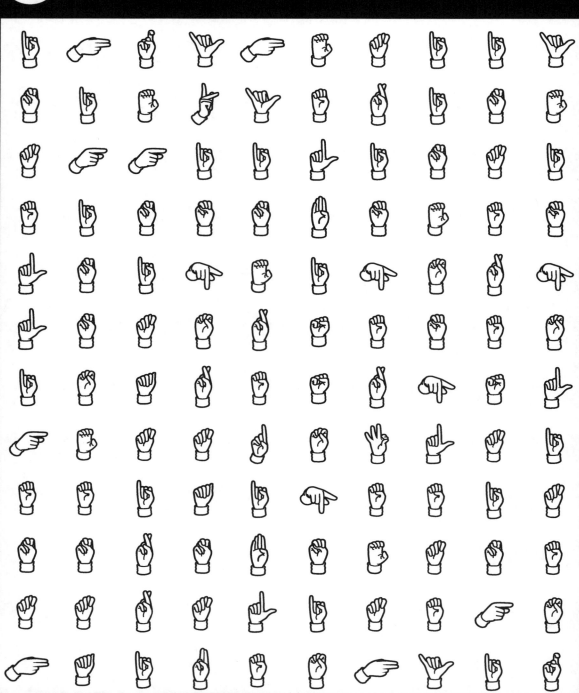

ICKY
ICY
IMPERFECT
IMPOLITE

IMPORTANT
IMPOSSIBLE
INCOMPLETE
INCREDIBLE
INNOCENT

INTELLIGENT
INTERESTING
IRRITATING
ITCHY

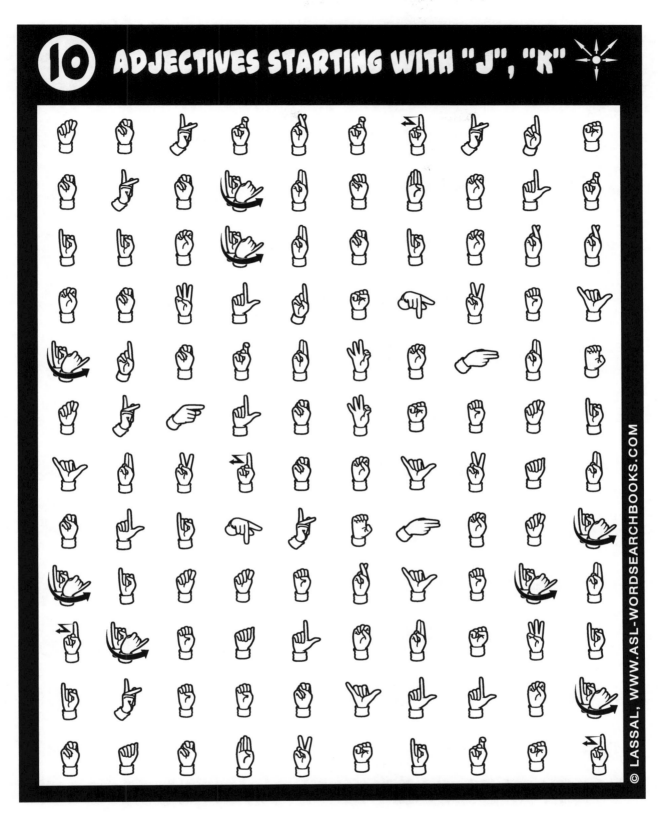

JEALOUS JOYFUL KEEN
JITTERY JUICY KIND
JOINT JUMBO KNOWN
JOLLY JUNIOR KOSHER

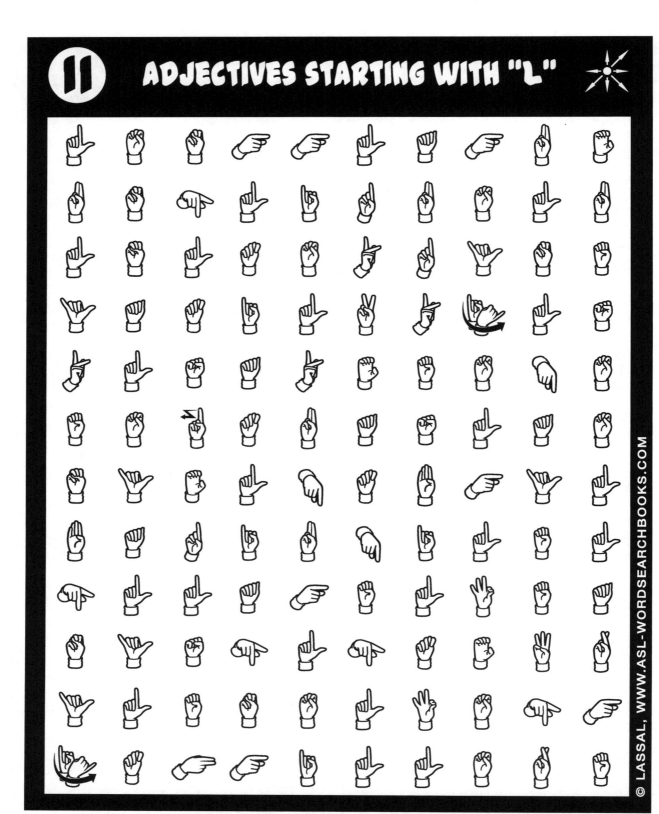

LARGE   LIKABLE   LOST
LAST   LIQUID   LOUD
LAZY   LITTLE   LOVELY
LEFT   LONELY   LOW
LEGAL   LONG   LOYAL
LIGHT   LOOSE   LUCKY

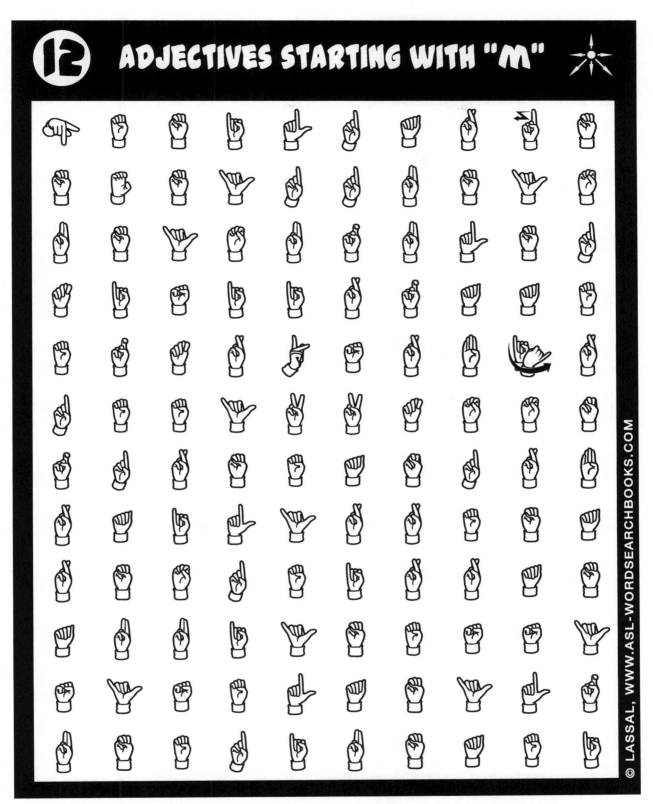

MAD	MEDIUM	MODERN
MAJOR	MERRY	MOIST
MALE	MESSY	MUDDY
MARRIED	MILD	MURKY
MARVELOUS	MIXED	MUTED
MEAN		MYSTERIOUS

NAIVE   NEAR   NEXT
NARROW   NEAT   NICE
NASTY   NECESSARY   NIFTY
NATURAL   NERVOUS   NOISY
NAUGHTY   NEW   NORMAL

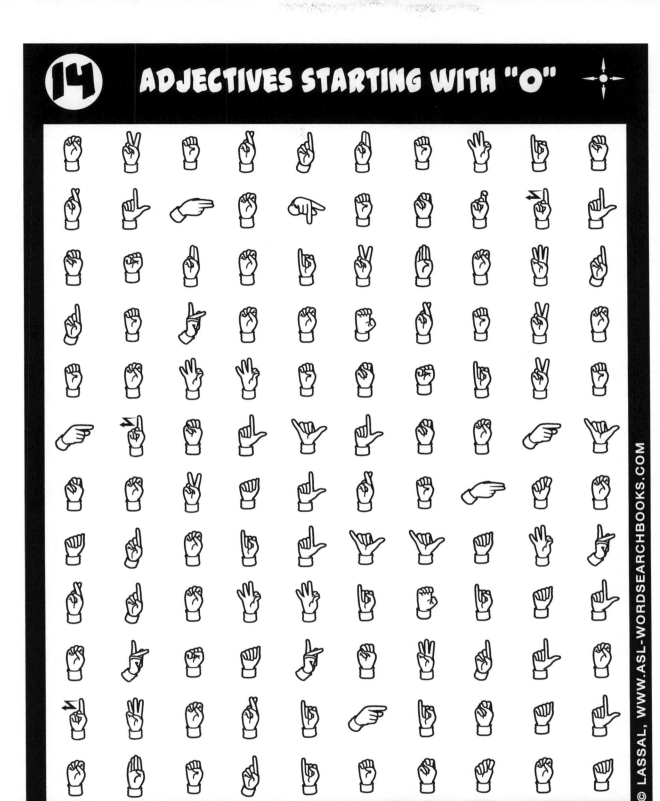

OBEDIENT	OFFICIAL	ORIGINAL
OILY	OLD	OTHER
OBVIOUS	ONLY	OVAL
ODD	OPEN	OVERCOOKED
OFFENSIVE	ORANGE	OVERDUE

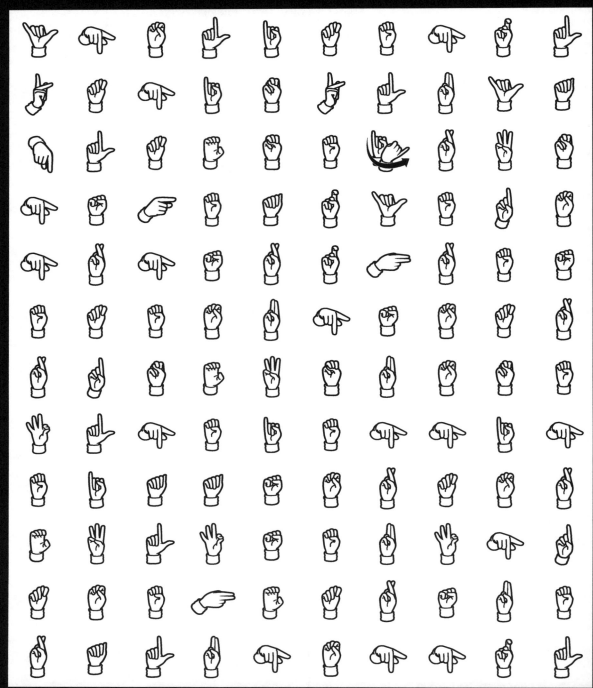

PALE   PLEASED   PRECIOUS
PAST   POLITE   PRESENT
PERFECT   POINTED   PRETTY
PERSONAL   POOR   PURE
PINK   POPULAR   PUSHY
     POWERFUL

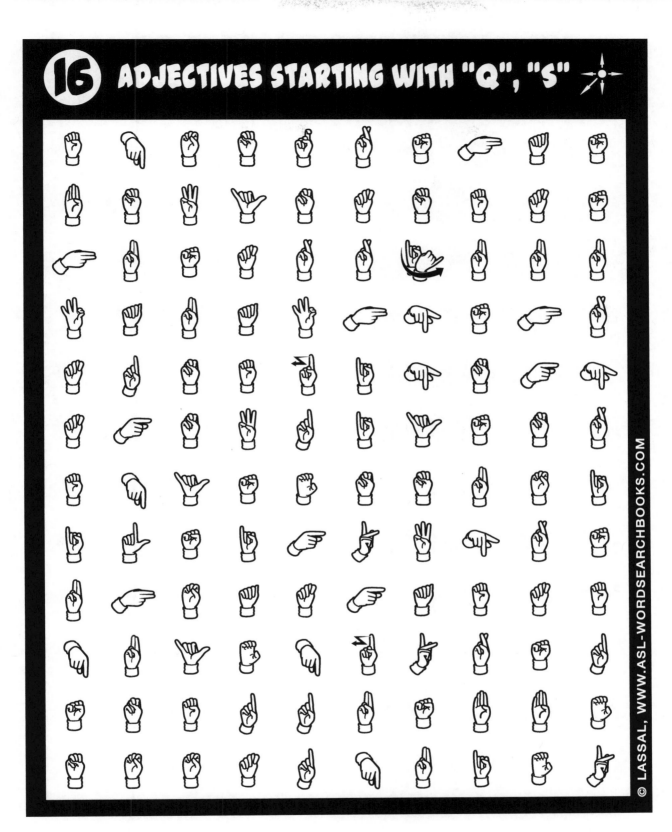

QUICK
QUIET
STRANGE
STRONG

STUPID
SUDDEN
SUNNY

SUPERB
SURPRISED
SUSPICIOUS
SWEATY

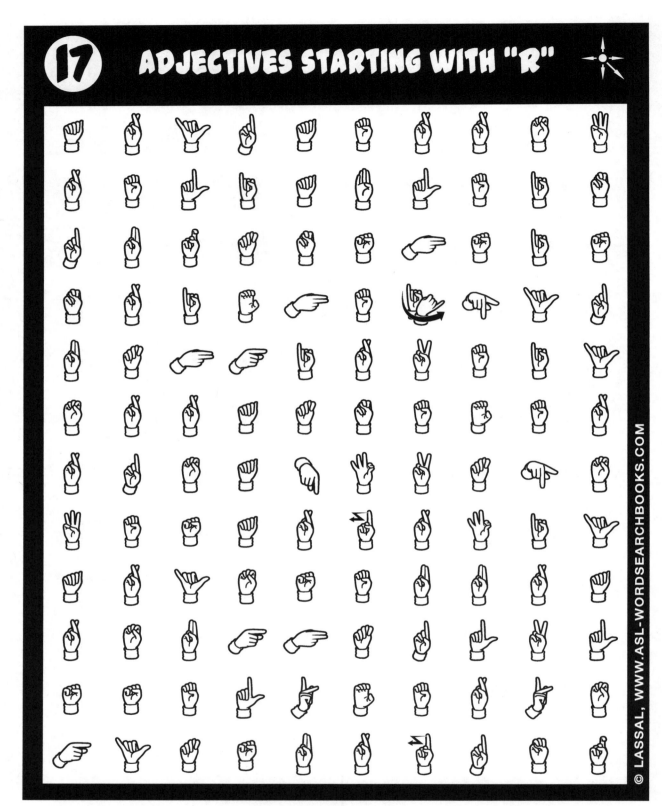

RARE   RELIABLE   ROSY

RAW   RESPECTFUL   ROUGH

RECENT   RICH   ROUND

RECKLESS   RIGHT   ROYAL

READY   RIPE   RUDE

RED   ROASTED   RUSTY

SAD	SATISFIED	SEPARATE
SAFE	SCARY	SERIOUS
SALTY	SECOND	SHABBY
SAME	SECRET	SHALLOW
SANDY	SELFISH	SHARP

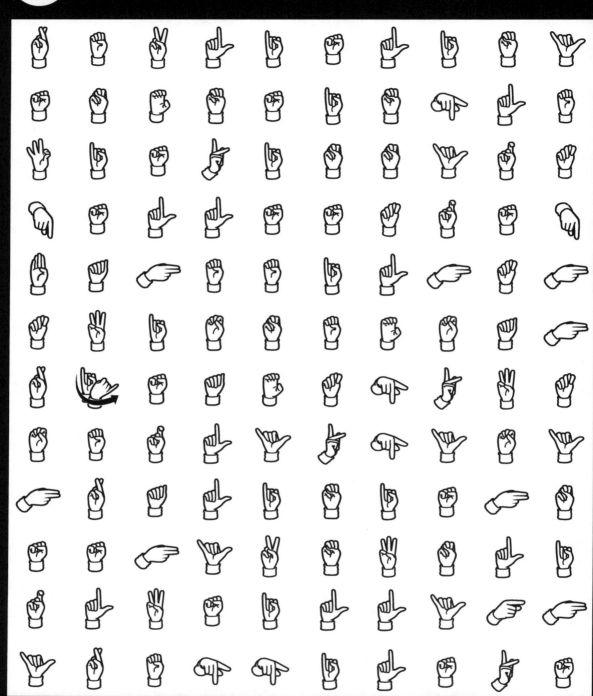

SHINY
SHOCKING
SHORT
SHY
SICK

SILENT
SILLY
SILVER
SIMILAR
SIMPLE
SKINNY

SLEEPY
SLIM
SLIMY
SLIPPERY
SLOW

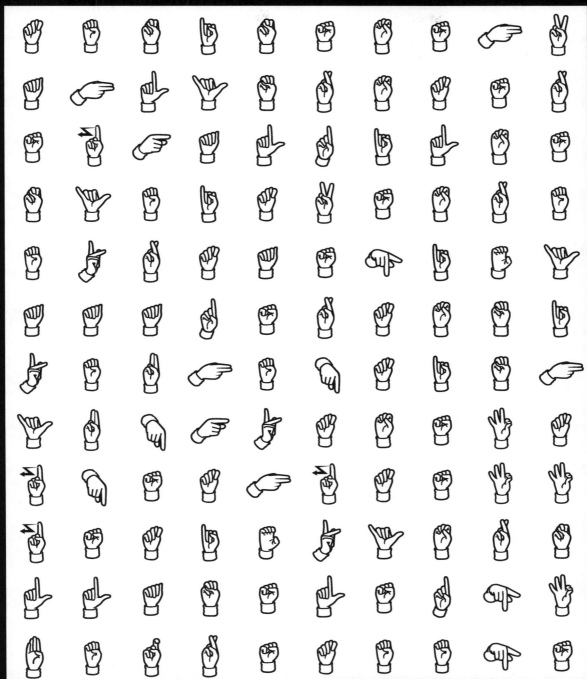

SMALL   SPICY   STEEP
SNEAKY   SPOTTED   STICKY
SOFT   SQUARE   STIFF
SOLID   SQUEAKY   STORMY
SORE   STALE   STRAIGHT

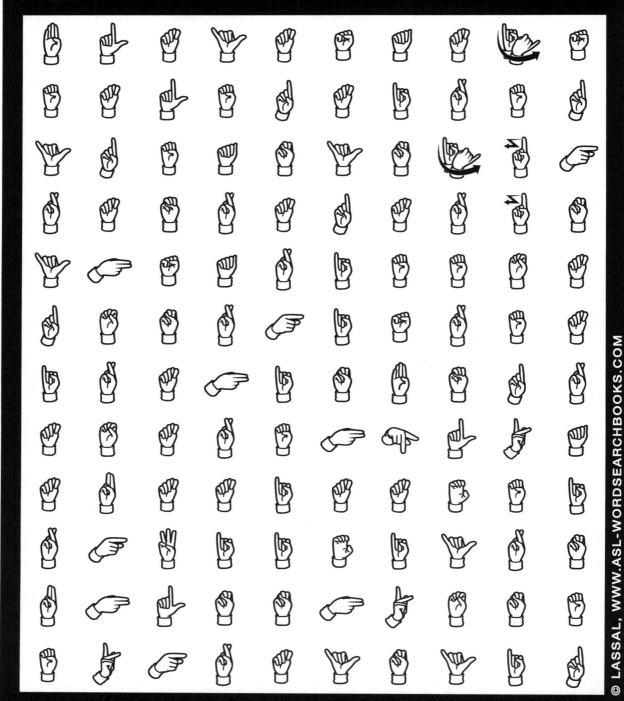

TALL
TAN
TASTY
TEMPTING
TENDER
TENSE

TERRIBLE
THICK
THIN
THIRSTY
THOROUGH
TIDY
TIGHT

TINY
TIRED
TORN
TRAINED
TRICKY
TRUE

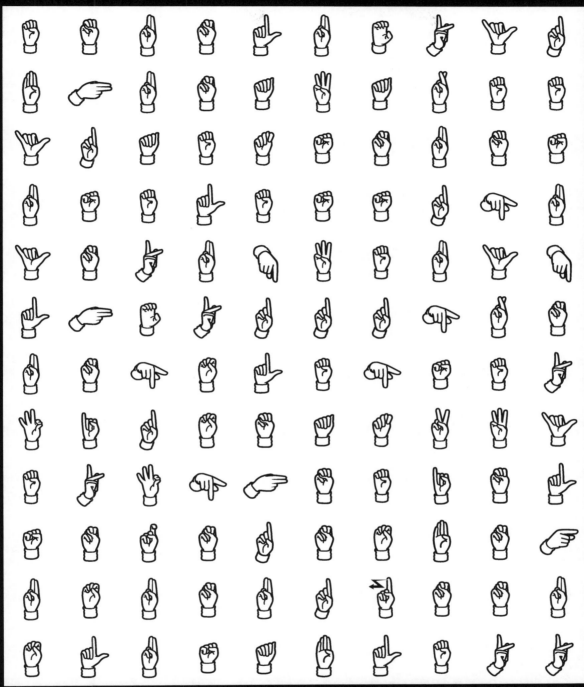

UGLY
UNAWARE
UNCOMMON
UNEVEN

UNFOLDED
UNHAPPY
UNITED
UNLUCKY
UNSTEADY

USABLE
USED
USEFUL
USELESS

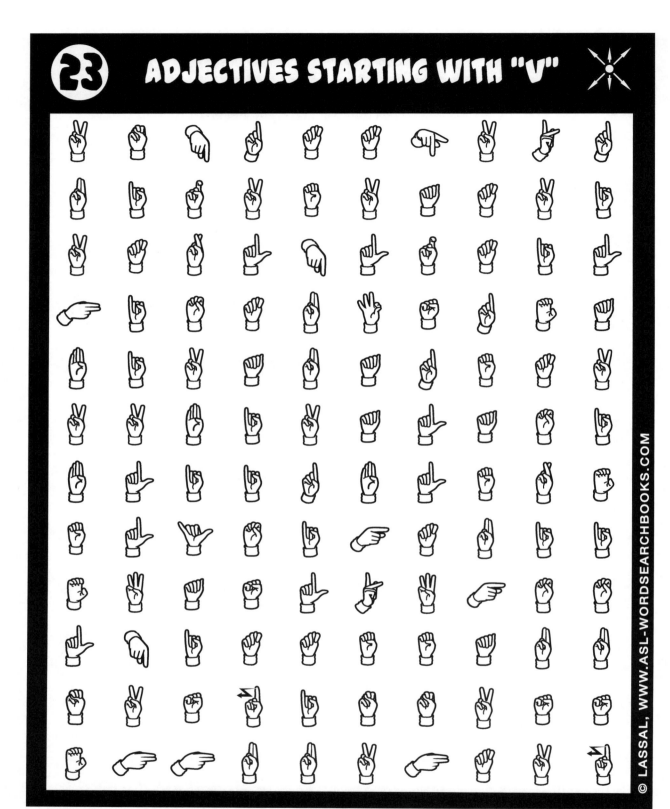

VAGUE
VALID
VALUABLE
VAST

VICIOUS
VICTORIOUS
VIOLET
VIOLENT

VIRTUAL
VISIBLE
VITAL
VIVID

WARM	WEIRD	WHOLE
WARY	WELCOME	WIDE
WAVY	WET	WILD
WEAK	WHITE	WINDY
WEEKLY		WIRY

WISE   WORRIED   YELLOW
WITTY   WORSE   YOUNG
WOBBLY   WRONG   YUMMY
WOODEN   WRY   ZEALOUS
WORN   YEARLY   ZIGZAG

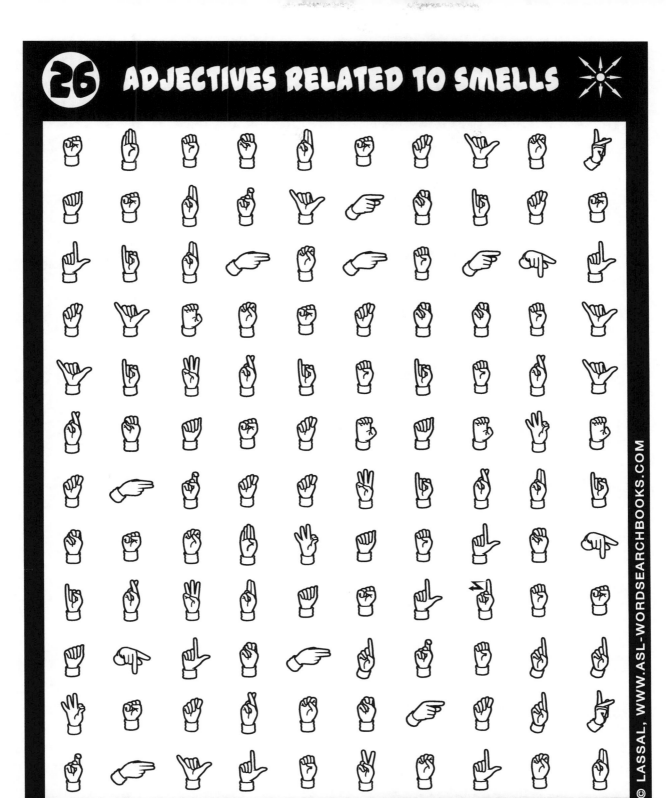

AWFUL	HARSH	ROTTEN
BAD	LOVELY	SALTY
DELICIOUS	MUSTY	SPICY
EXOTIC	ODD	STALE
FAINT	PERFUMED	STINGY
FRESH	RICH	STRONG

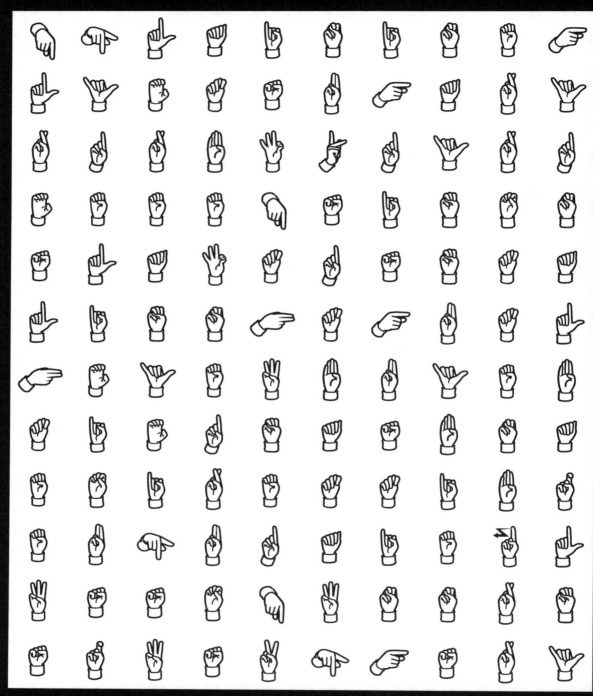

BITTER   DISGUSTING   SPICY
BLAND   DRY   SUGARY
BUTTERY   PLAIN   SWEET
CREAMY   ROTTEN   WATERY
DELICIOUS   SOUR   YUMMY

CRISP
FLUFFY
HAIRY
HOT
ITCHY

MOIST
OILY
ROUGH
RUBBERY
SCRATCHY
SILKY

SLIMY
SMOOTH
SOFT
STICKY
VELVETY

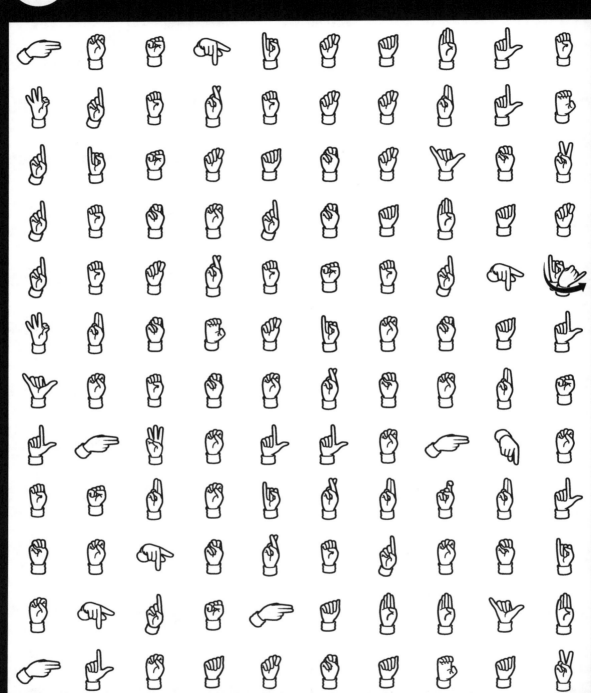

ABANDONED	FUNCTIONAL	LUXURIOUS
CLUTTERED	HOLLOW	MODERN
DESERTED	HOMELY	POSH
DISTANT	HOSPITABLE	SHABBY
ENORMOUS		VACANT

DAMP   FROSTY   MOIST
STORMY   DRY   SUNNY
CLOUDY   MILD   WARM
COLD   MISTY   WET

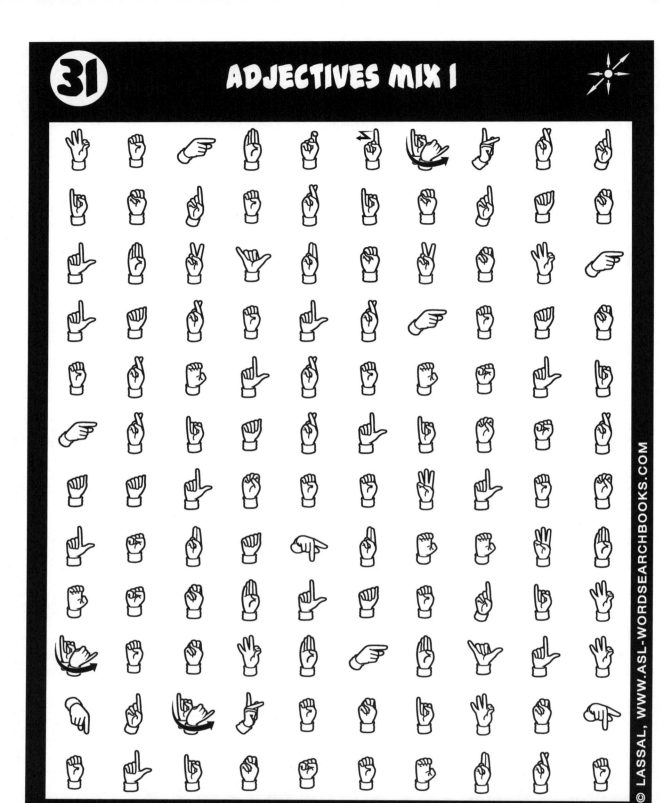

ADMIRED
BORING
CLEAN
CLOSE

DANGEROUS
EMBARRASSED
FALSE
FINE

IDEAL
ILL
ILLEGAL
INSECURE

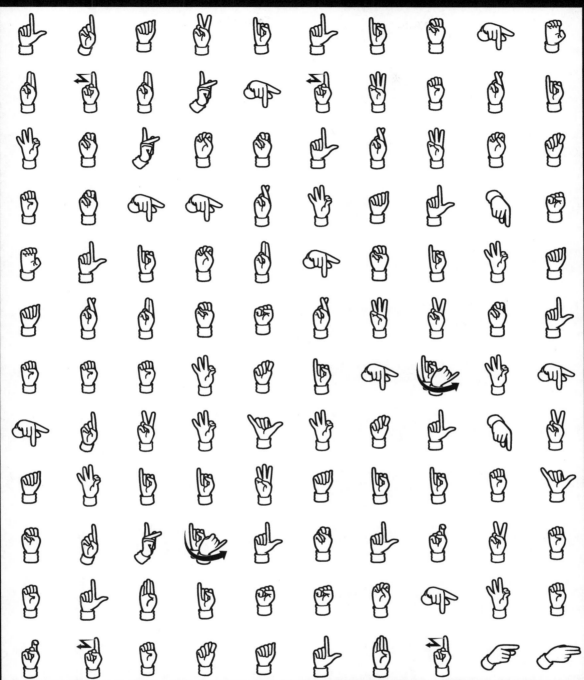

LATE
LIMP
LIVE
PEACEFUL

PERFUMED
PLAIN
PLASTIC
PLAYFUL

POSITIVE
POSSIBLE
PROUD
PURPLE

REAL
RESPONSIBLE
SANE
SIMPLE

SOUR
TAME
THIN
THIRD
UNFIT

UNIMPORTANT
UNUSUAL
UPSET
VAIN

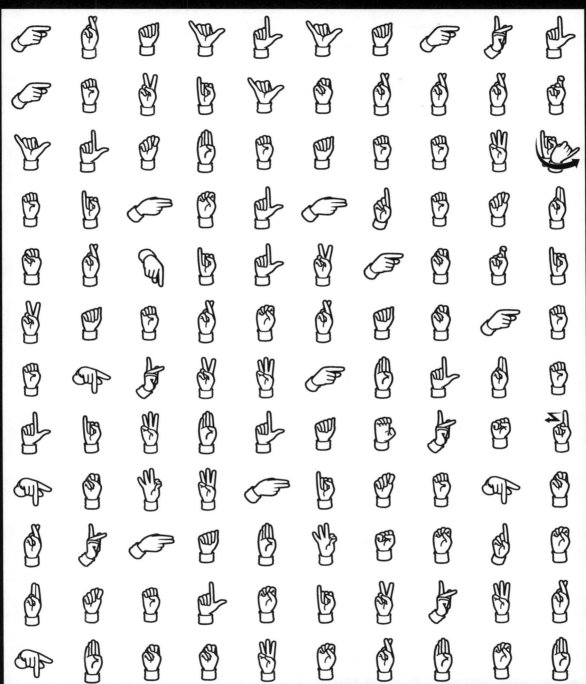

BLACK
BLUE
BRONZE
BROWN
GRAY

GREEN
ORANGE
PINK
PURPLE

RED
SILVER
VIOLET
WHITE
YELLOW

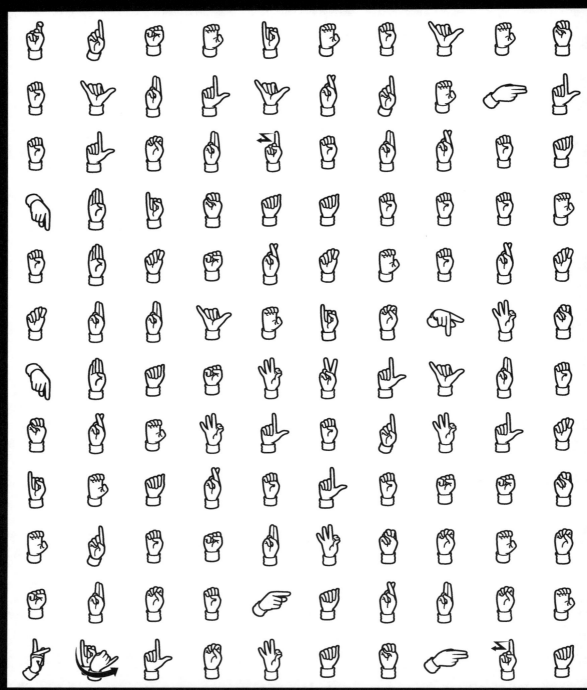

BUBBLY   CHEERFUL   COURAGEOUS
CALM   CLUMSY   CRAZY
CARELESS   COLD   CREATIVE
CAUTIOUS   CONFUSED   CREEPY
    CONTENT

DIZZY
ECSTATIC
ENERGETIC
ENRAGED
EXCITED
FAINT

FOOLISH
GIDDY
GRAVE
GRIM
HAPPY

JEALOUS
LONELY
SAD
SHY
TIRED
WEARY

FINGER ALPHABET COOL KIDS

36 WORD SEARCH PUZZLES
WITH THE
AMERICAN SIGN LANGUAGE ALPHABET

- VERBS -

AVAILABLE SEPARATELY

ISBN: 978-3-86469-106-5

VERBS

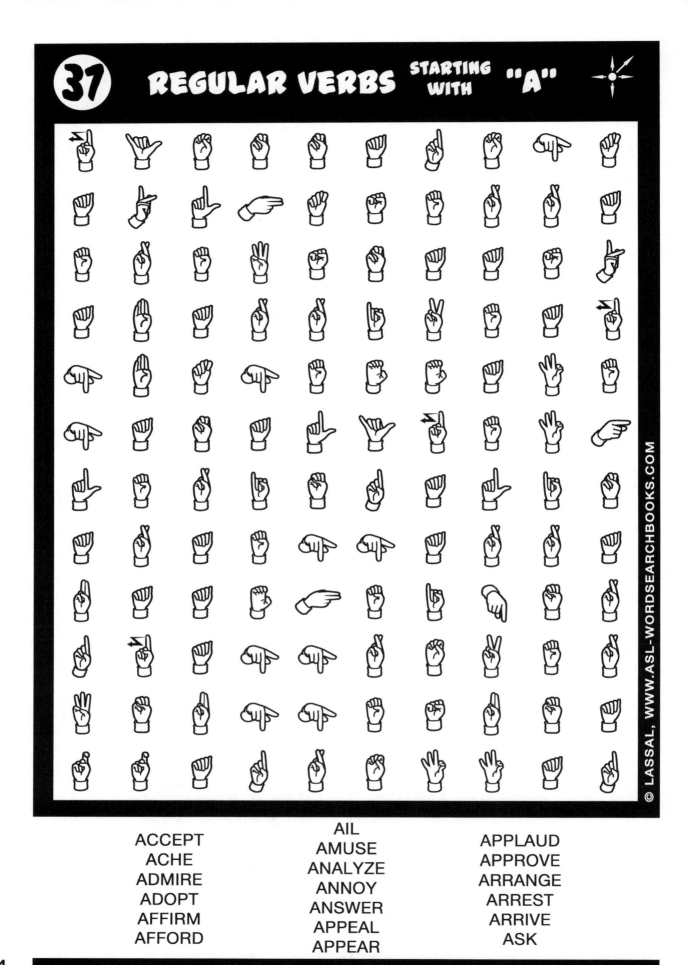

ACCEPT
ACHE
ADMIRE
ADOPT
AFFIRM
AFFORD

AIL
AMUSE
ANALYZE
ANNOY
ANSWER
APPEAL
APPEAR

APPLAUD
APPROVE
ARRANGE
ARREST
ARRIVE
ASK

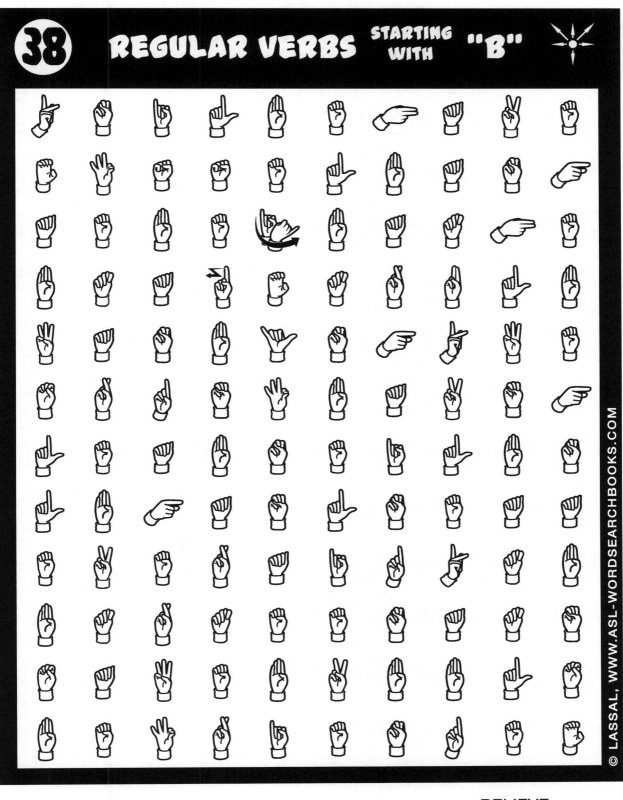

BACK
BAKE
BALANCE
BAN
BANG
BANDAGE

BAR
BARGAIN
BARTER
BAT
BATHE

BATTLE
BEAM
BEFRIEND
BEG
BEHAVE

BELIEVE
BELLOW
BERATE
BLESS
BLINK
BLURT

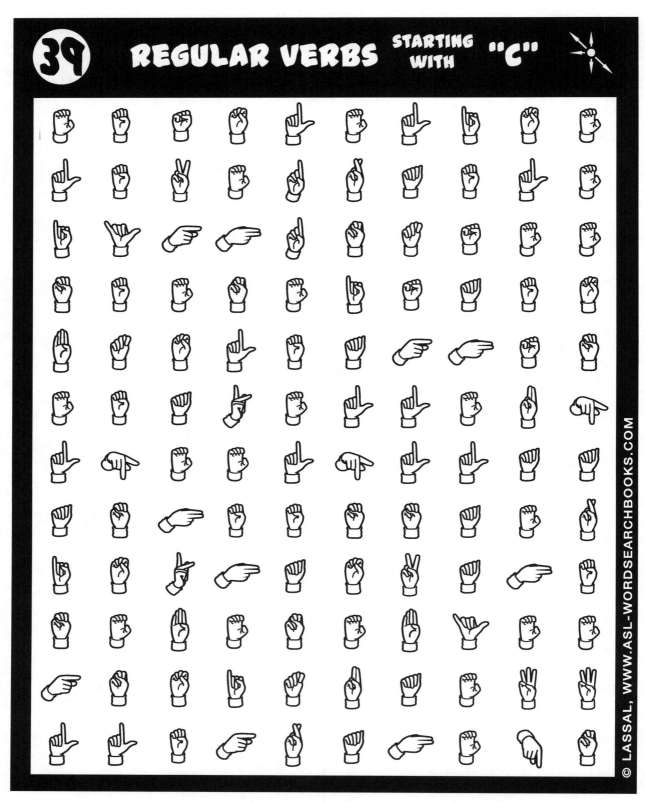

CALL	CHASE	CLOSE
CAMP	CHECK	COACH
CAUSE	CLAIM	COIL
CAUTION	CLEAN	COMPARE
CHALLENGE	CLEAR	COMPETE
CHARGE	CLIMB	COMPLAIN

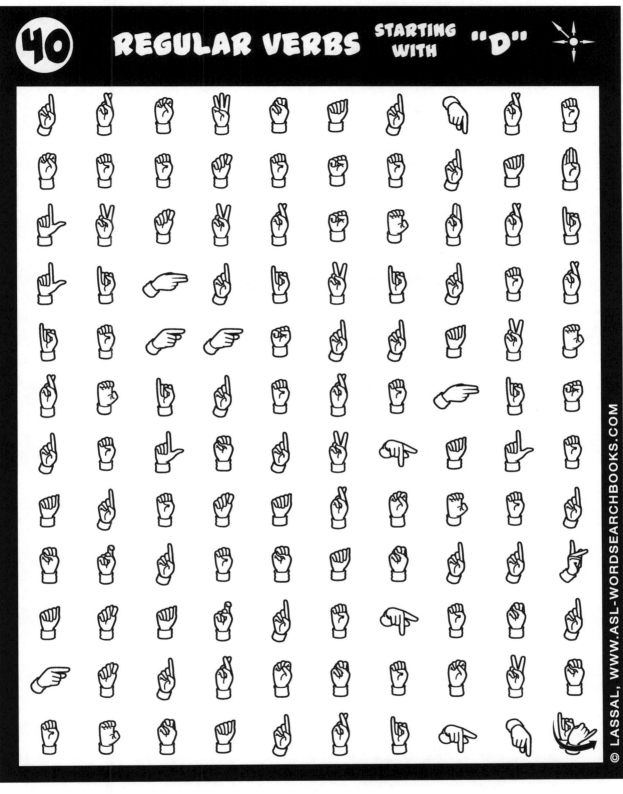

DAMAGE
DANCE
DECEIVE
DECIDE
DECORATE
DELIGHT

DELIVER
DEMAND
DEPEND
DESCRIBE
DESIRE

DIVE
DIVIDE
DRIP
DRILL
DRONE
DROWN

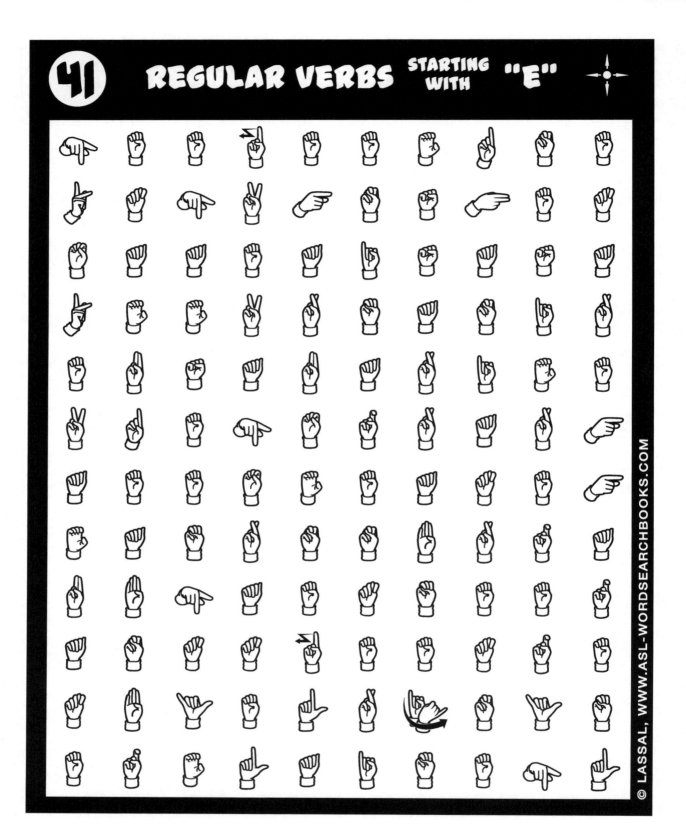

EDUCATE
EMBARRASS
EMPTY
ENCOURAGE
END

ENTER
ENTERTAIN
ESCAPE
EVACUATE

EVAPORATE
EXAGGERATE
EXAMINE
EXERCISE
EXCLAIM

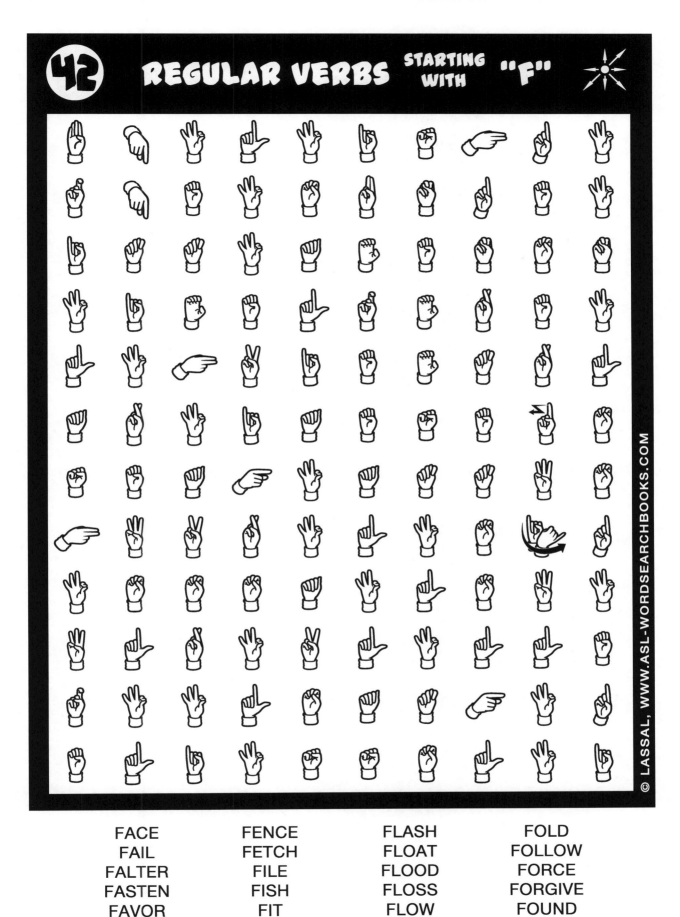

FACE   FENCE   FLASH   FOLD
FAIL   FETCH   FLOAT   FOLLOW
FALTER   FILE   FLOOD   FORCE
FASTEN   FISH   FLOSS   FORGIVE
FAVOR   FIT   FLOW   FOUND
FAX   FIX   FLOWER

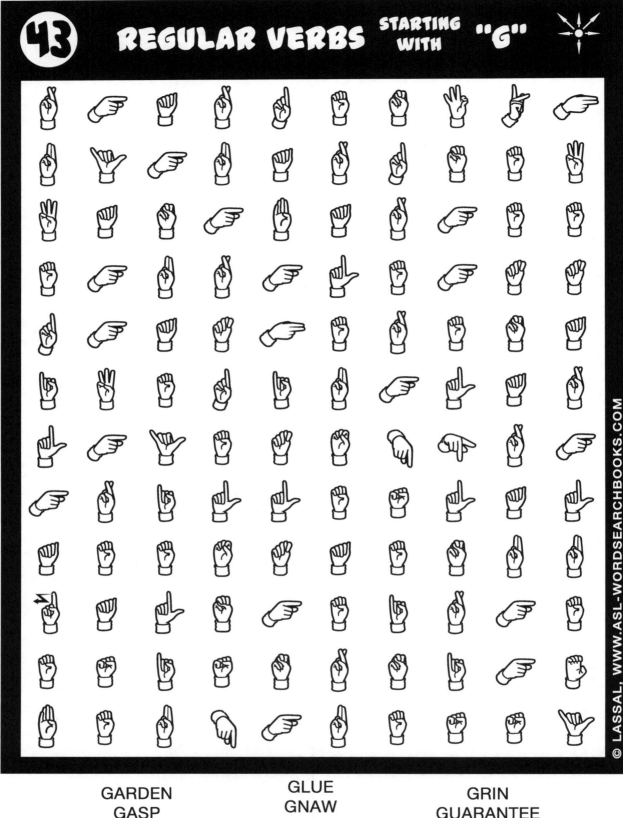

GARDEN
GASP
GATHER
GAZE
GEL
GLIDE

GLUE
GNAW
GRAB
GRATE
GREASE
GREET
GRILL

GRIN
GUARANTEE
GUARD
GUESS
GUIDE
GURGLE

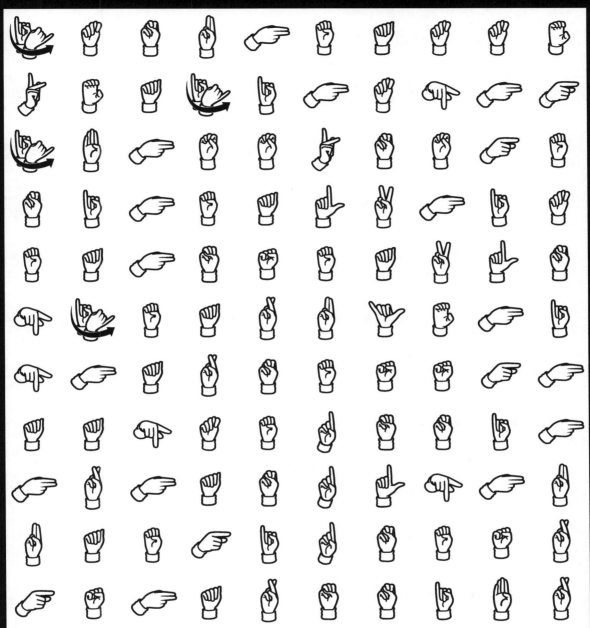

HAMMER   HAUNT   HINT
HAND   HEAL   HOOK
HANDLE   HEAP   HOP
HAPPEN   HEAT   HOVER
HARASS   HIGHLIGHT   HUG
HARM   HIJACK   HUNT
HARNESS   HINDER   HURRY

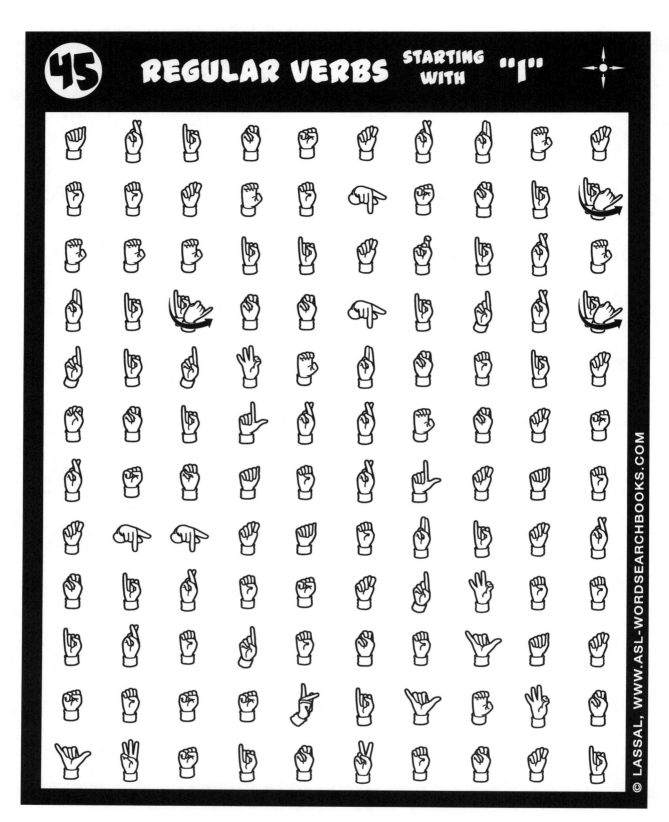

ICE
IDENTIFY
IMPRESS
INCLUDE
INCREASE

INFLATE
INSPECT
INSPIRE
INSTRUCT

INTEREST
INTERRUPT
INTRODUCE
INVENT
IRRITATE

JAB　　　　　JOKE　　　　　JUMP
JAIL　　　　　JOLT　　　　　KICK
JAM　　　　　JUDGE　　　　KISS
JOG　　　　　JUGGLE　　　KNOCK
JOIN　　　　　　　　　　　　KNOT

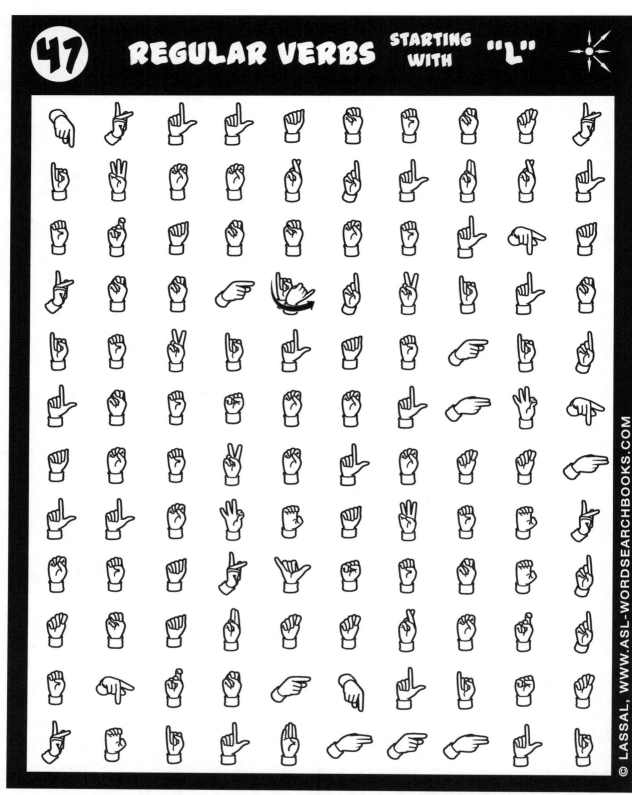

LAMENT
LAND
LAST
LAUGH
LEAN
LEVEL
LICK

LIFT
LIGHTEN
LIKE
LIST
LIVE
LOAD

LOAN
LOCK
LONG
LOOK
LOOSEN
LOVE
LOWER

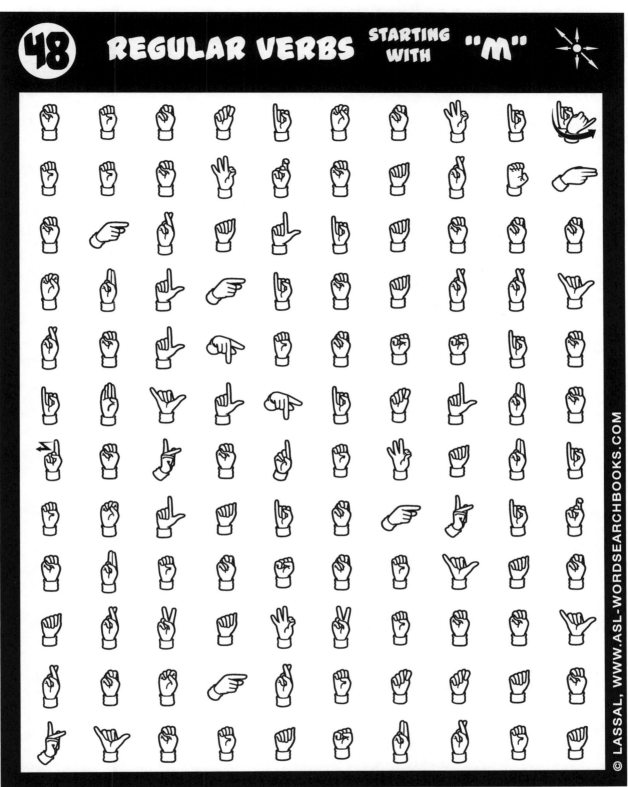

MAIL
MAINTAIN
MANAGE
MARCH
MARK
MARRY

MATTER
MEASURE
MEMORIZE
MEND
MENTION
MERGE
MINE

MISS
MIX
MOURN
MOVE
MUG
MULTIPLY

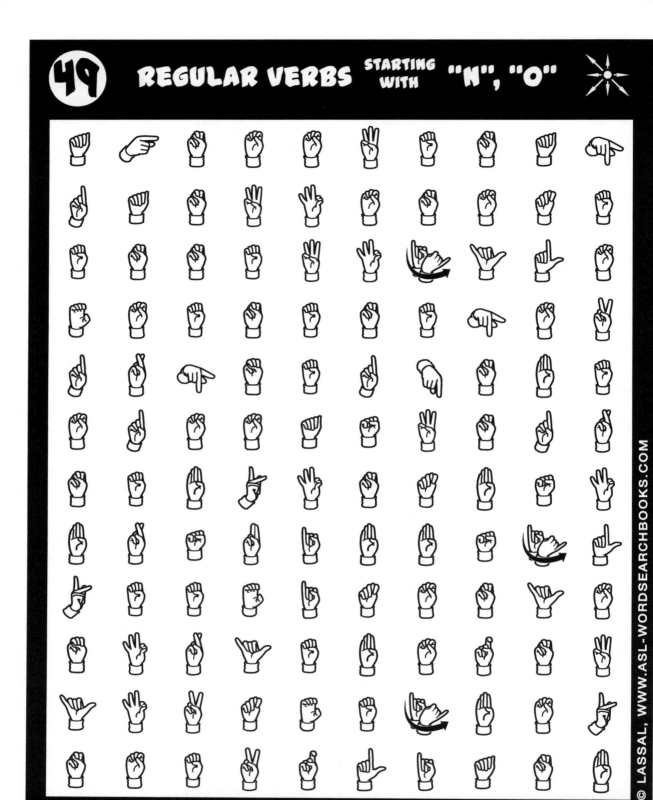

NAG
NAIL
NAME
NAP
NEED
NEST

NOD
NOTE
NOTICE
OBEY
OBJECT
OBSERVE
OFFEND

OFFER
OPEN
ORDER
OVERFLOW
OWE
OWN

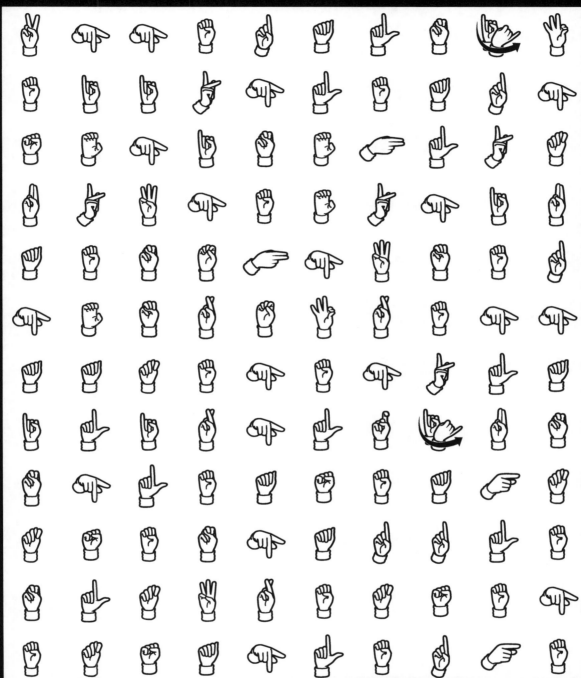

PADDLE	PECK	PET	PLANT
PAINT	PEDAL	PHONE	PLEAD
PANT	PEEL	PICK	PLEASE
PASTE	PERFORM	PINCH	PLEDGE
PAUSE	PERMIT	PLACE	PLUG
	PESTER	PLAN	

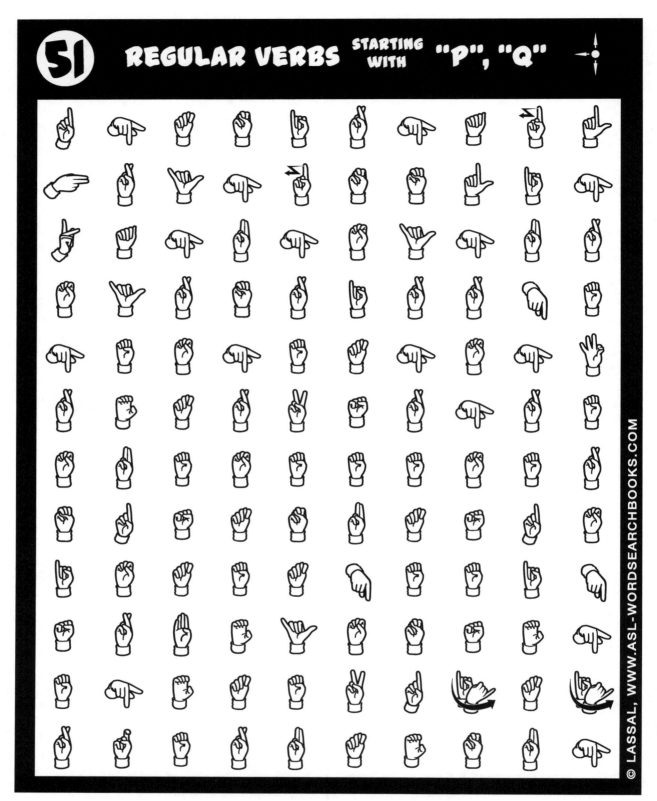

PRAY
PREDICT
PREFER
PRETEND
PREVENT

PRINT
PRODUCE
PROMISE
PROPOSE
PROTECT
PROTEST

PRY
PUMP
PUNCTURE
QUESTION
QUIZ

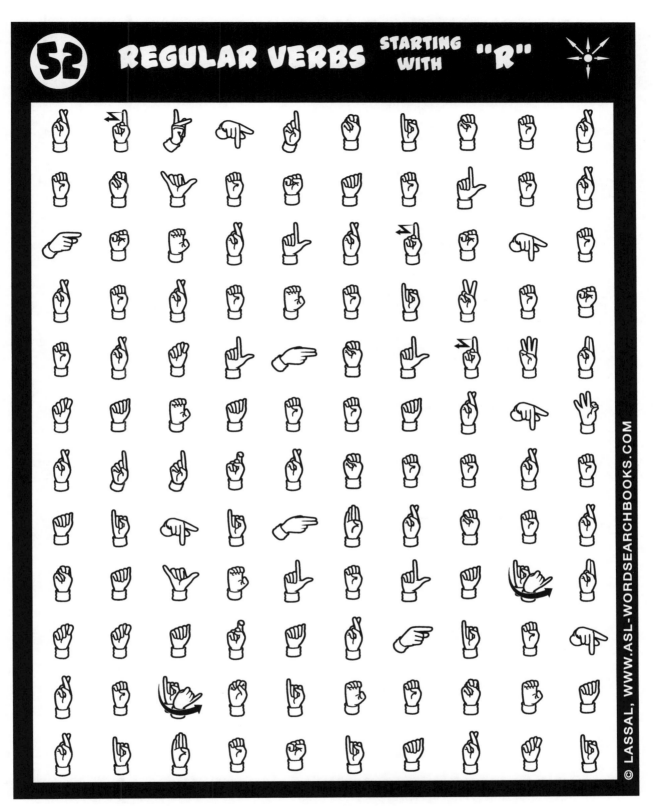

RADIATE
RAISE
RANT
RATE
REACH

REALIZE
RECEIVE
REFUSE
REGRET
REJECT
REJOICE

RELAX
RELEASE
REMAIN
REMEMBER
REMIND

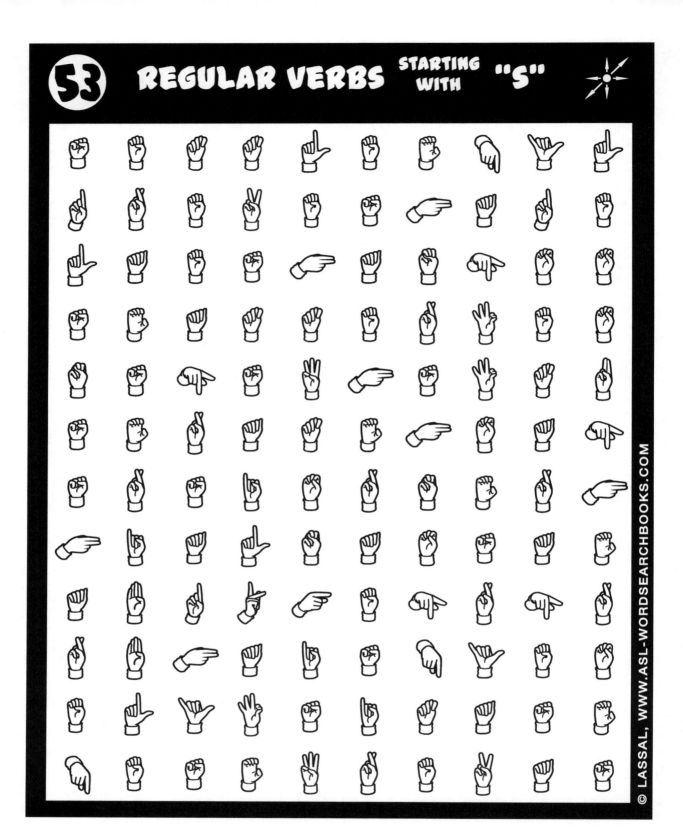

SAIL	SCATTER	SCRIBBLE	SEVER
SATISFY	SCOFF	SEAL	SHADE
SAVE	SCOLD	SEARCH	SHAMPOO
SAW	SCORCH	SEPARATE	SHARE
SCARE	SCRATCH	SETTLE	SIGN

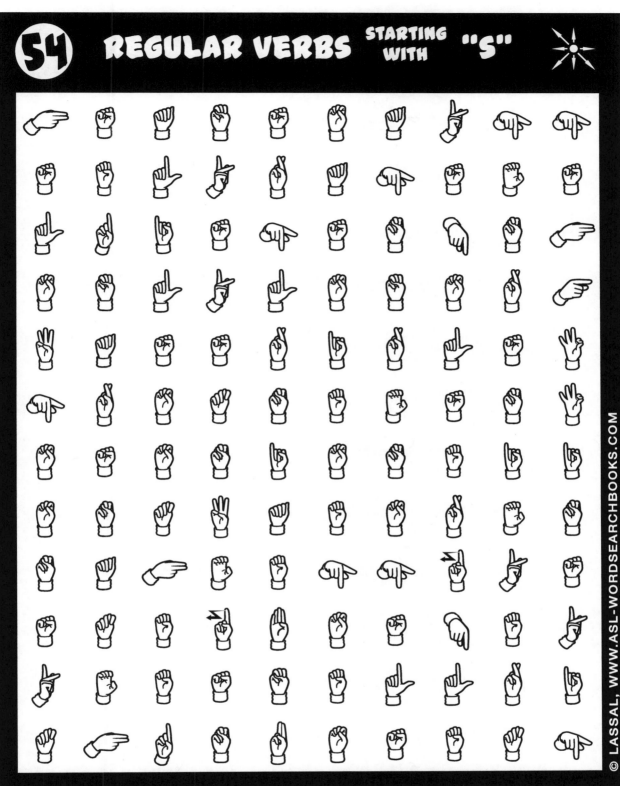

SKI	SNATCH	SNORT
SKIP	SNEEZE	SOAK
SLAP	SNICKER	SOB
SLICE	SNIFF	SOOTHE
SLOW	SNORE	SOUND
SMASH	SNOOP	SPAN
SMELL	SNOOZE	SPARKLE

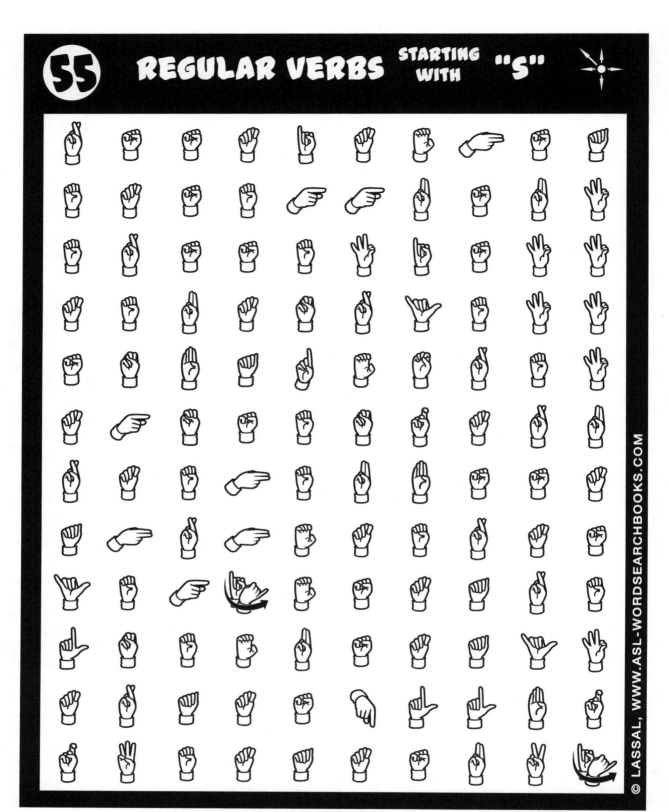

STARE
START
STASH
STATE
STAY
STEER

STITCH
STORE
STRENGTHEN
STRESS
STRETCH
STUFF

STRAY
STUN
SUBMERGE
SUCCEED
SUFFER
SUGGEST

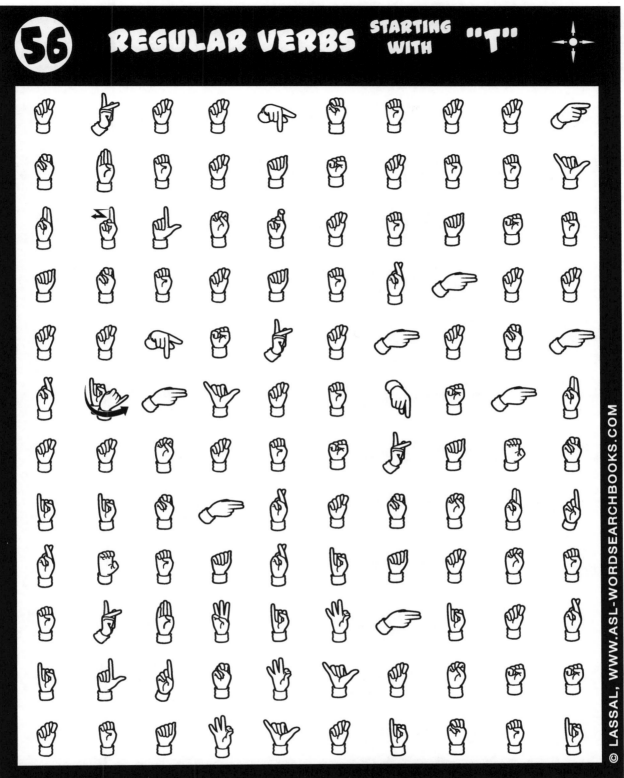

TASTE
TAUNT
TEASE
TELEPHONE
TEMPT
TERRIFY

TEST
TESTIFY
THANK
THAW
THREATEN
THUNDER
TICKLE

TIE
TIME
TIRE
TOAST
TOSS
TOUCH

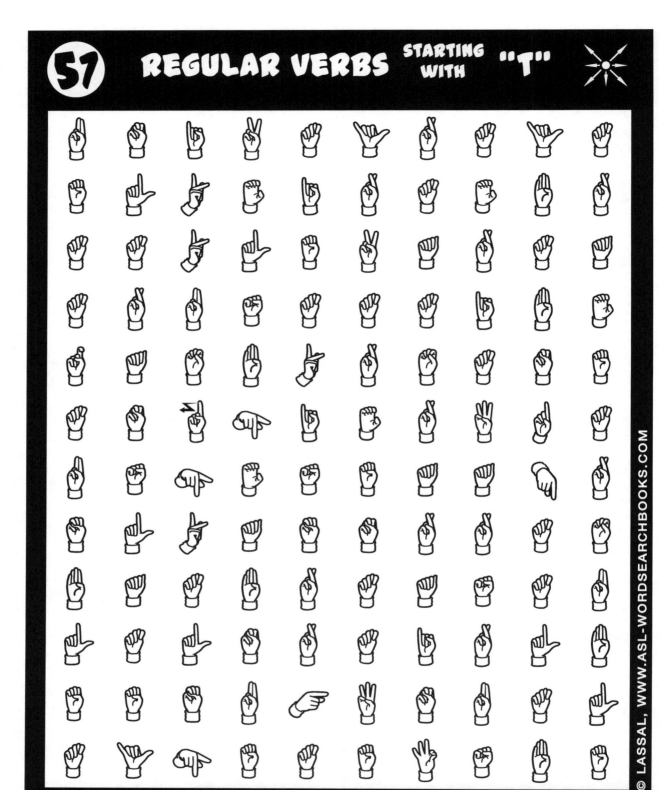

TOW	TRANSPORT	TROUBLE
TRACE	TRAP	TRUST
TRACK	TRAVEL	TRY
TRADE	TREMBLE	TUMBLE
TRAIN	TRICK	TWIST
TRANSLATE	TRICKLE	TYPE

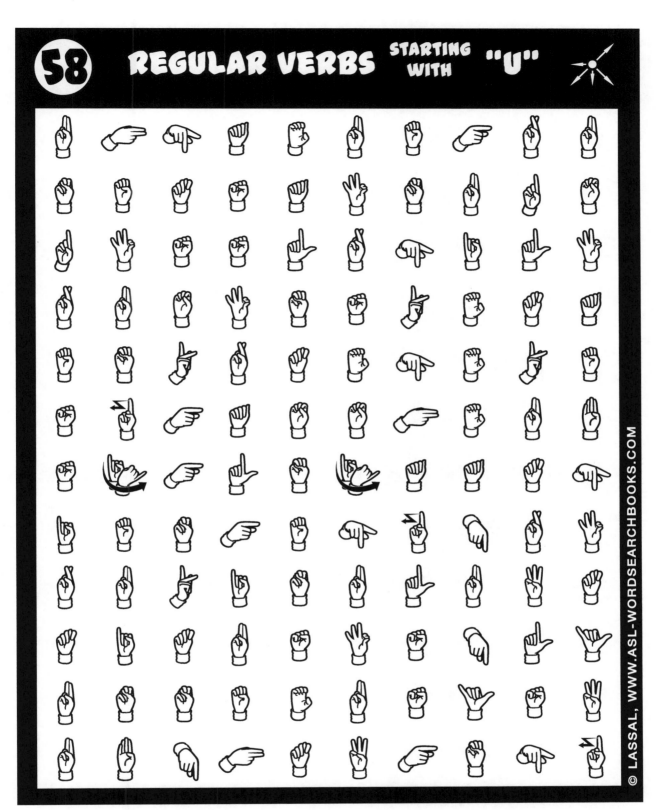

UNDRESS
UNFASTEN
UNITE
UNLOCK
UNPACK

UPSTAGE
URGE
UNTIE
USE
USURP

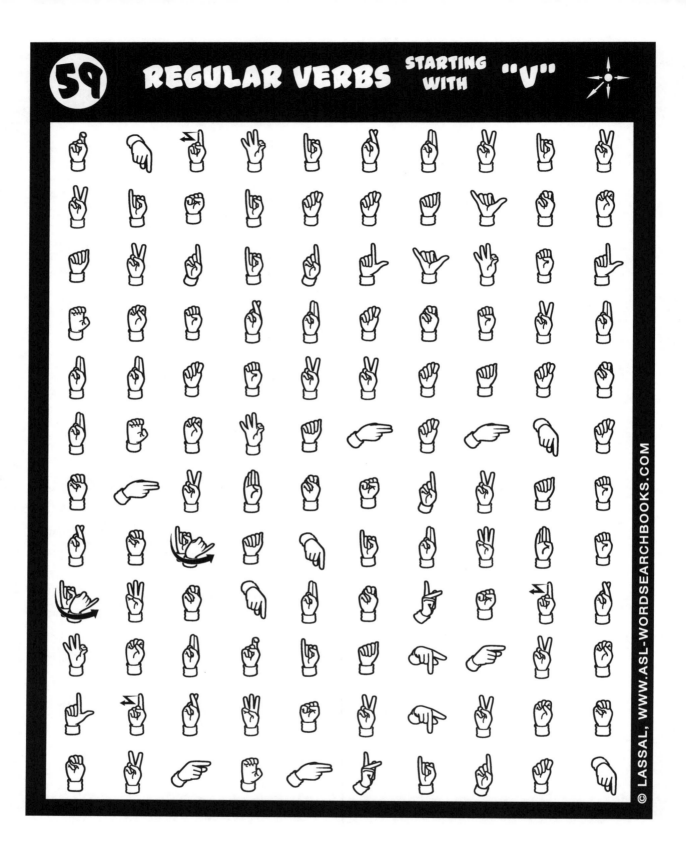

VACUUM
VALUE
VANISH

VANQUISH
VENTURE
VISIT

VOLUNTEER
VOTE
VOUCH

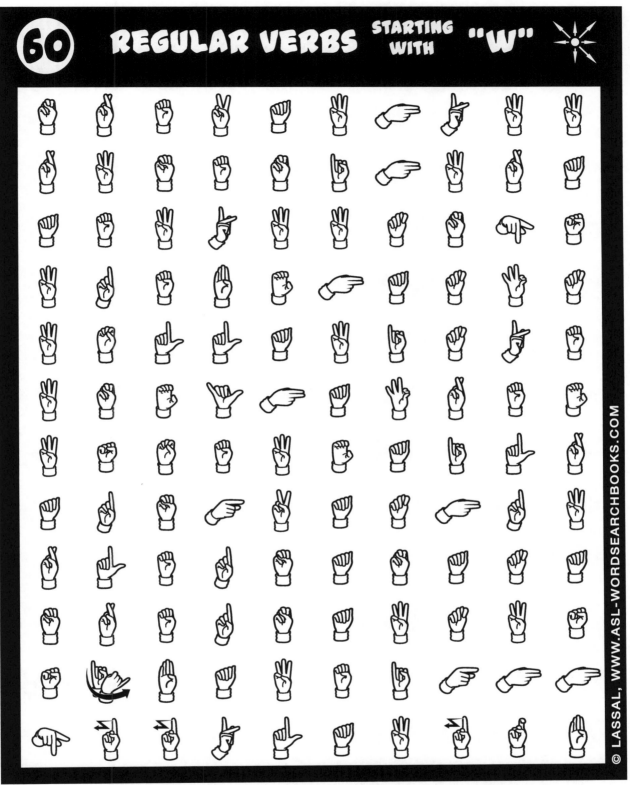

WAIT	WARN	WAVER
WALK	WASH	WED
WALLOW	WASTE	WEIGH
WANDER	WATCH	WELCOME
WANT	WATER	WHINE
WARM	WAVE	WHIRL

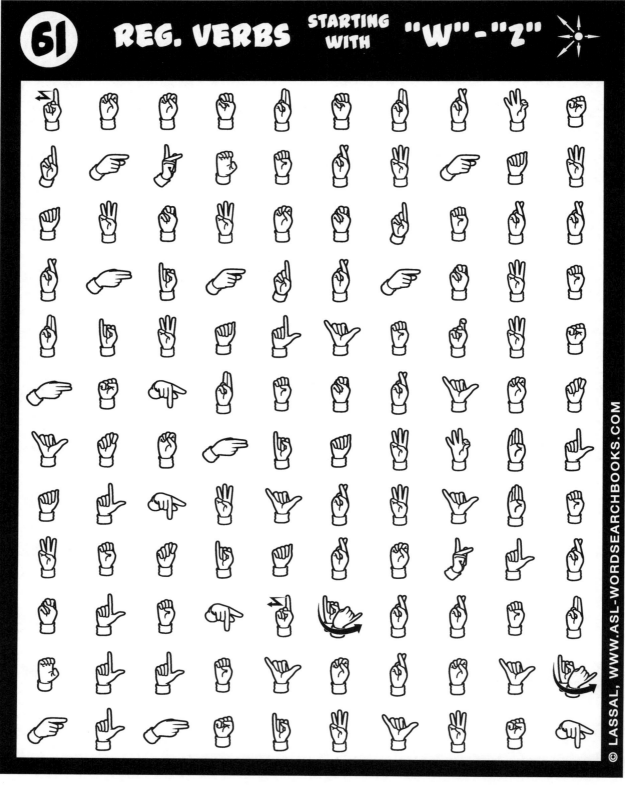

WHISTLE	WORK	XRAY
WINK	WORRY	YAWN
WIPE	WRAP	YELL
WISH	WRECK	YIELD
WOBBLE	WRESTLE	ZIP
WONDER		ZOOM

ARISE
AWAKE
CAST
CATCH
CHOOSE
CLING

COME
COST
CREEP
CUT
DEAL

DIG
DO
DRAW
DREAM
DRIVE
DRINK

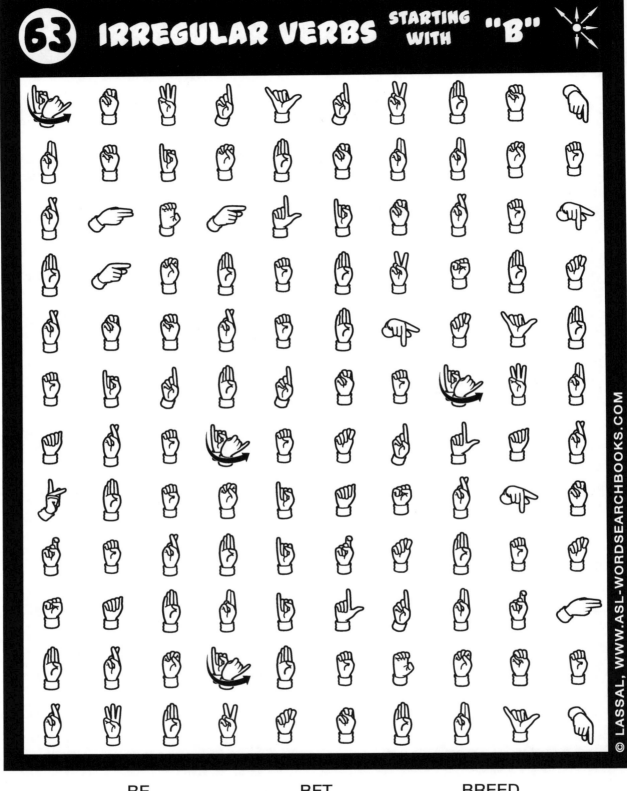

BE	BET	BREED
BEAR	BIND	BRING
BEAT	BITE	BUILD
BECOME	BLEED	BURN
BEGIN	BLOW	BURST
BEND	BREAK	BUY

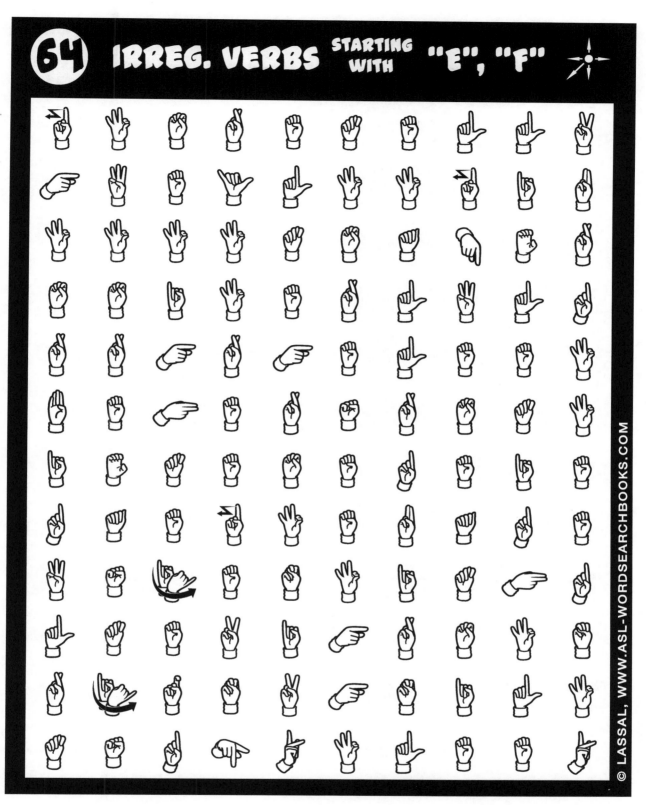

EAT   FIND   FORESEE
FALL   FLEE   FORETELL
FEED   FLING   FORGET
FEEL   FLY   FORGIVE
FIGHT   FORBID   FREEZE
FORECAST

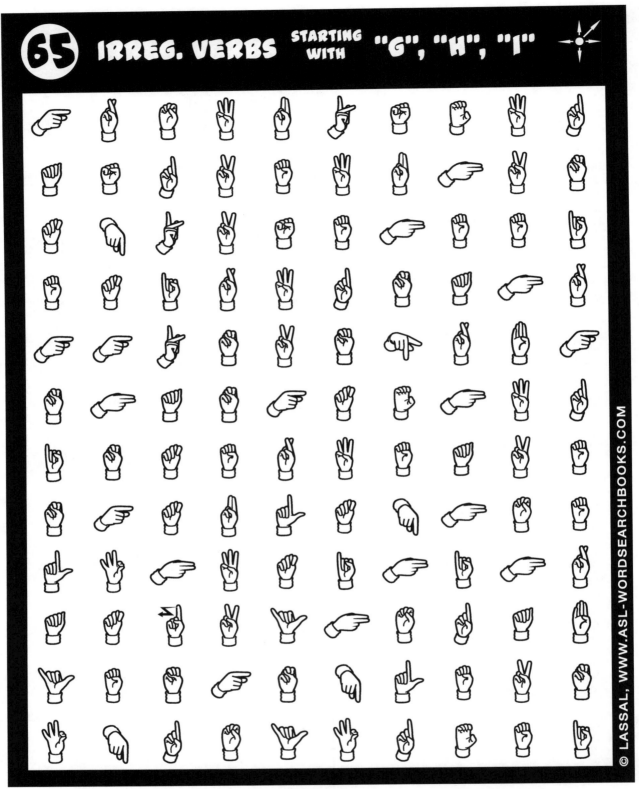

GET HANDWRITE HOLD

GIVE HANG HURT

GO HAVE INBREED

GRIND HEAR INLAY

GROW HIDE INTERWEAVE

  HIT

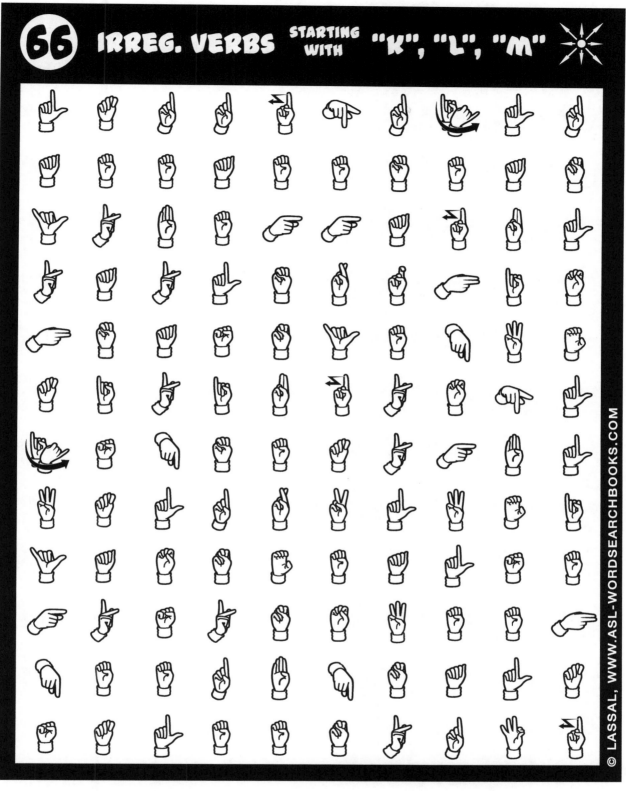

KEEP	LEARN	MAKE
KNEEL	LEAVE	MEAN
KNOW	LEND	MEET
LAY	LET	MISLEAD
LEAD	LIE	MISTAKE
	LOSE	

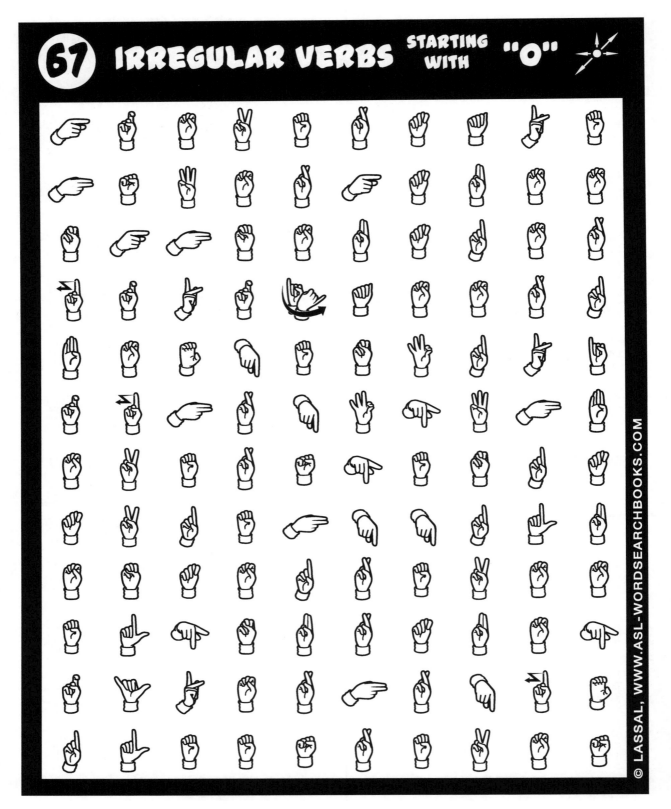

OFFSET
OUTBID
OUTDO
OUTGROW
OUTRUN

OVERDO
OVEREAT
OVERSEE
OVERSPEND
OVERTAKE

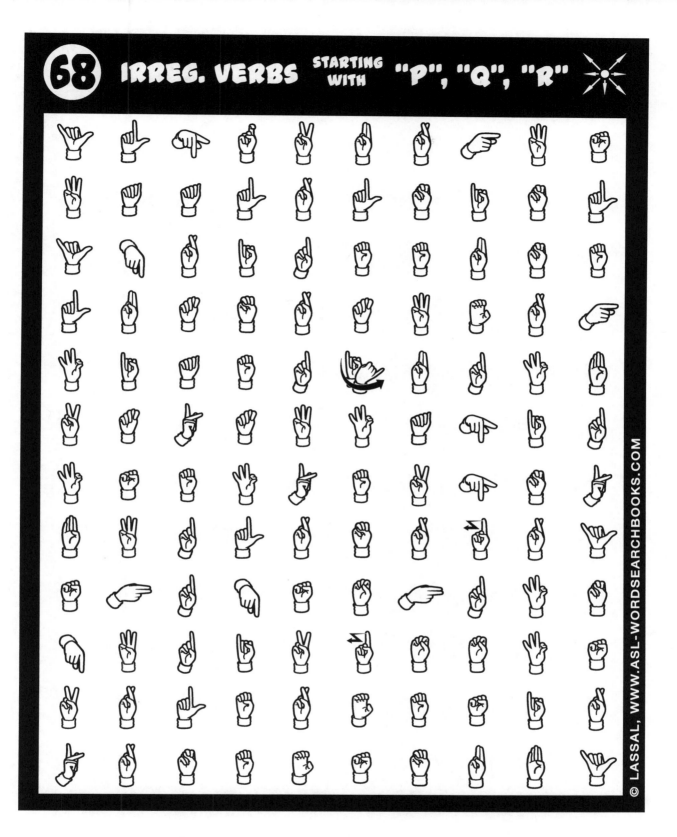

PARTAKE   QUIT   RIDE
PAY   READ   RING
PROVE   RID   RISE
PUT   RUN

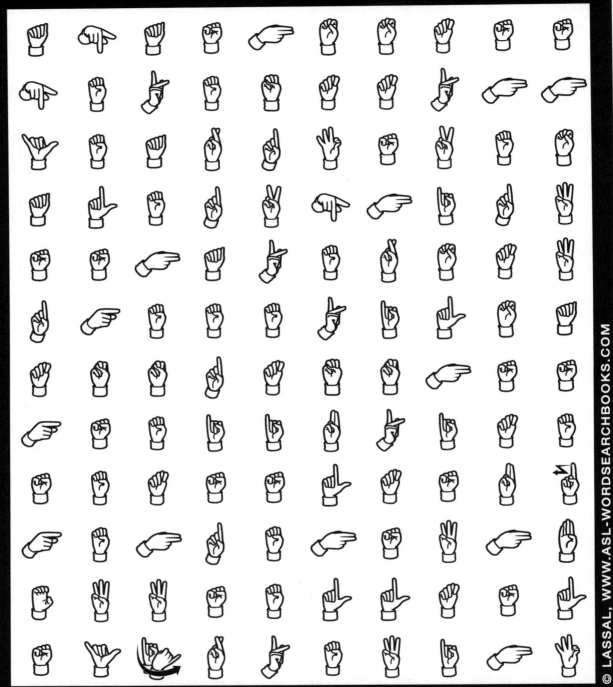

SAY	SEW	SHRINK
SEE	SHAKE	SHUT
SEEK	SHED	SING
SELL	SHOOT	SIT
SEND	SHOW	SLEEP
SET		SLIDE

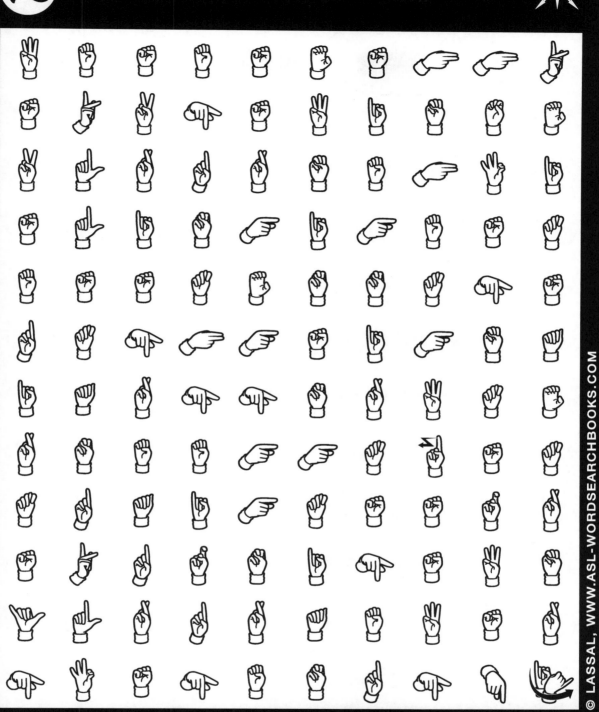

SLING   SPREAD   STRING
SLIT   SPRING   SWEAR
SPEAK   STAND   SWEEP
SPEND   STICK   SWIM
SPIN   STING   SWING
    STRIDE

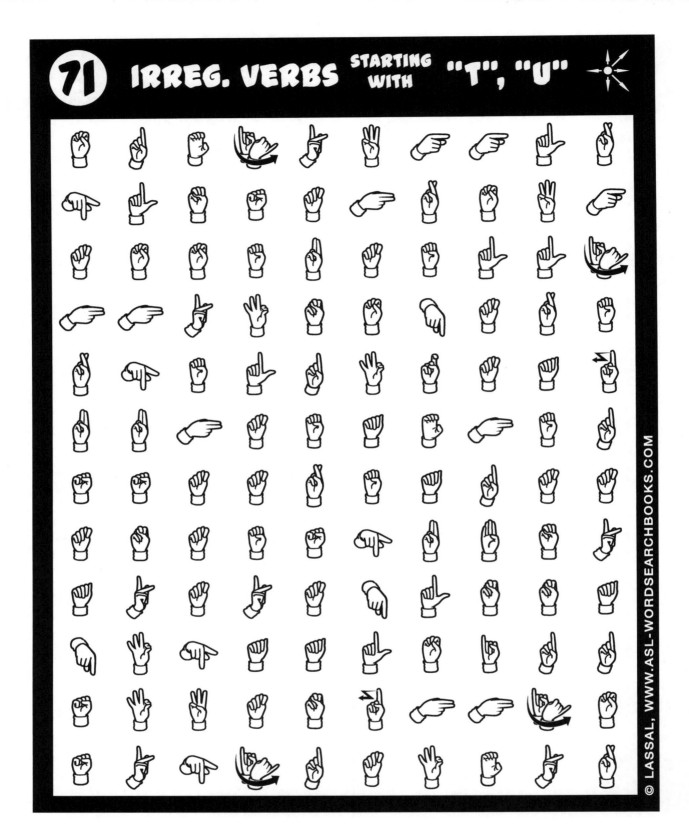

TAKE	THINK	UNDERSTAND
TEACH	THROW	UNDO
TEAR	THRUST	UPHOLD
TELL	TREAD	UPSET

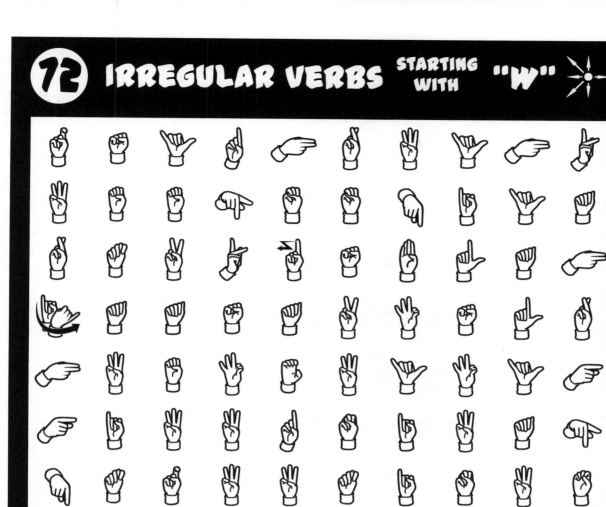

WAKE	WEEP	WITHDRAW
WAYLAY	WET	WITHHOLD
WEAR	WIN	WRING
WEAVE	WIND	WRITE

ADVERBS

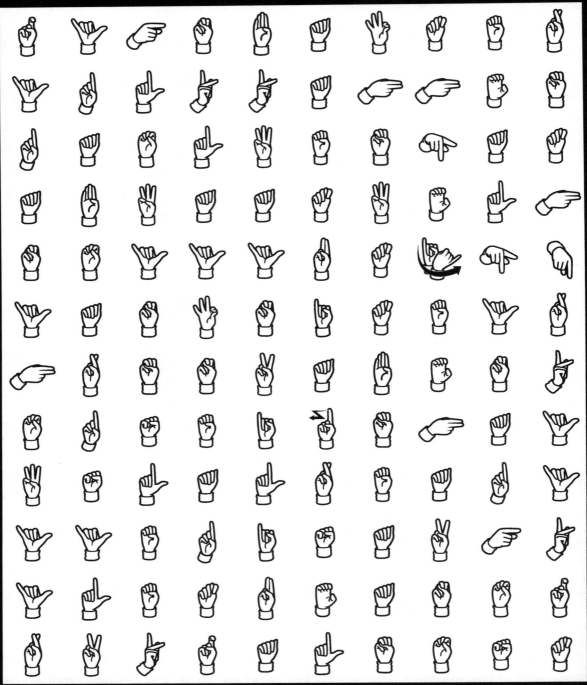

ABOARD	AFTER	ANYPLACE
ACTIVELY	ALMOST	ANYWAY
ACTUALLY	ALREADY	ASIDE
ACUTELY	ANYHOW	AWAY

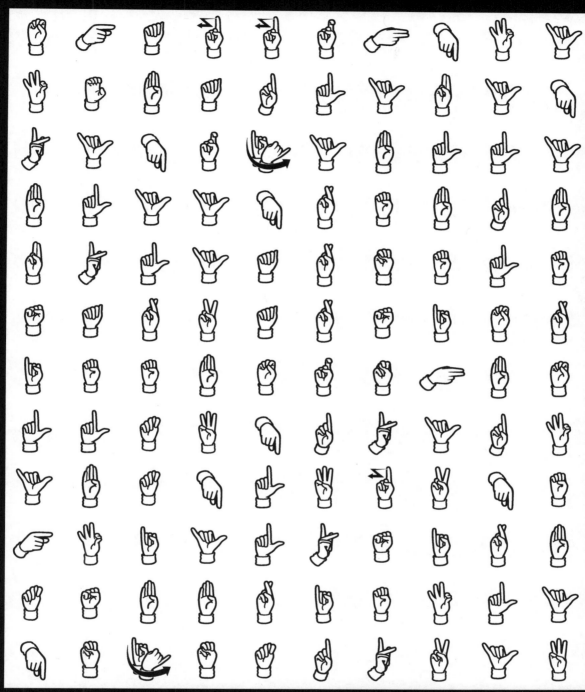

BADLY
BARELY
BEFORE
BITTERLY

BLEAKLY
BLINDLY
BOLDLY

BRAVELY
BRIEFLY
BRISKLY
BUSILY

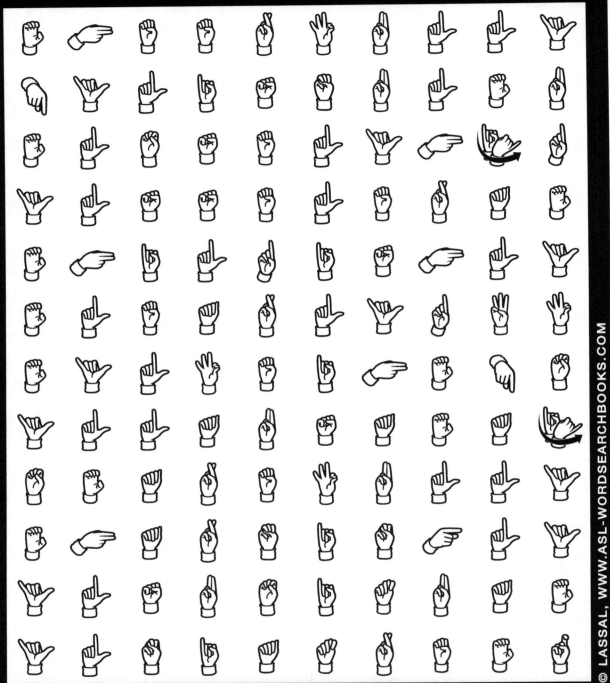

CAREFULLY   CERTAINLY   CHILDISHLY
CARELESSLY   CHARMINGLY   CLEARLY
CASUALLY   CHEERFULLY   CLOSELY
CAUTIOUSLY   CHIEFLY   CLUMSILY

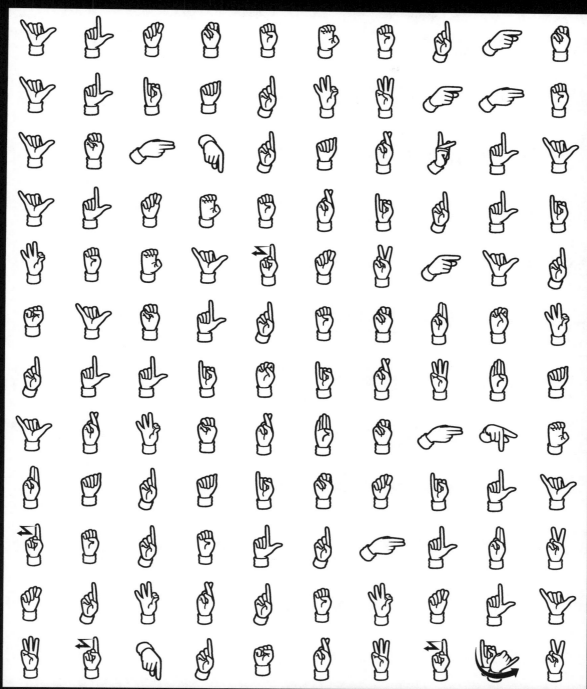

DAILY
DAINTILY
DARINGLY
DARKLY

DEARLY
DECENTLY
DEFTLY

DIMLY
DIRECTLY
DOWN
DREAMILY

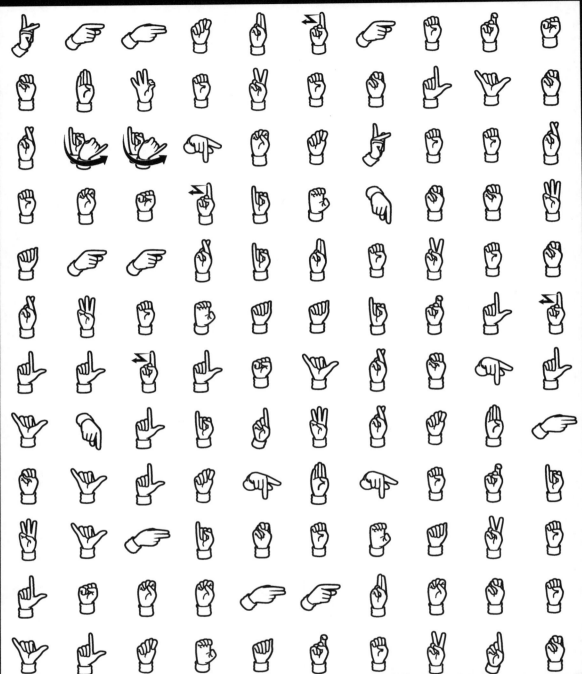

EARLY   EVENLY

EASILY   EXACTLY

ENOUGH   EXTRA

EVERY   ENTIRELY

EVEN   EQUALLY

FAIRLY
FAR
FAST
FATALLY
FIERCELY

FIERY
FINALLY
FONDLY
FOREVER

FORMALLY
FORMERLY
FRANKLY
FREELY
FULLY

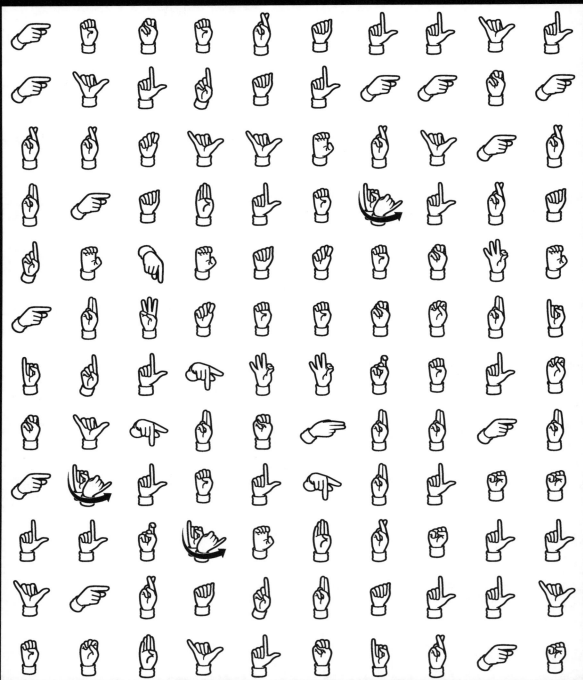

GENERALLY GRACIOUSLY
GENTLY GRADUALLY
GLADLY GREATLY
GLEEFULLY GRIMLY
GRACEFULLY GRUDGINGLY

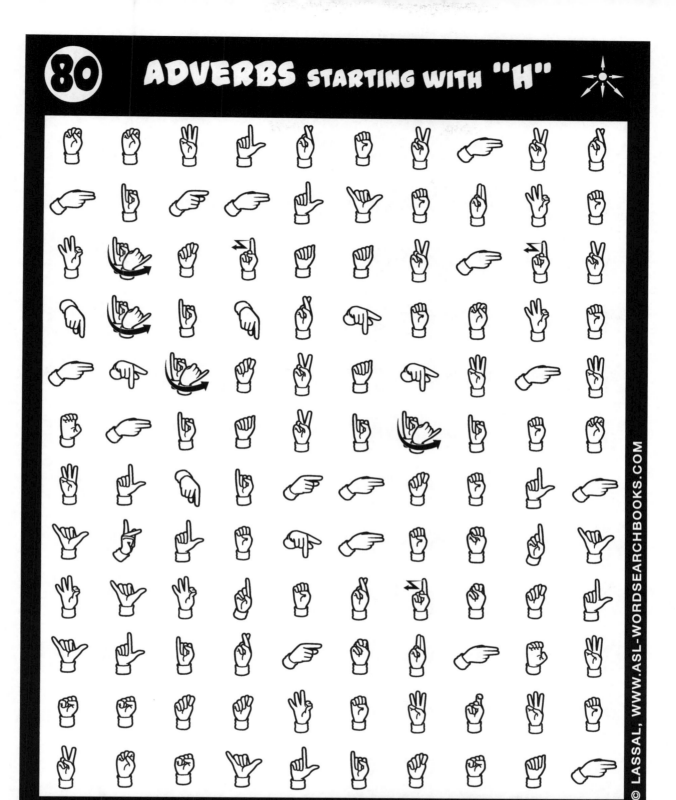

HAPPILY

HASTILY

HEARTILY

HEAVILY

HENCE

HIGHLY

HITHERTO

HOW

HOWEVER

HUNGRILY

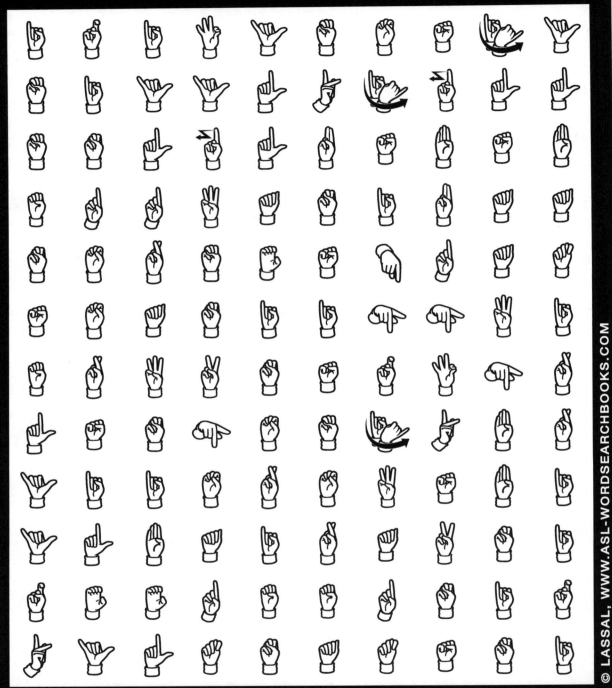

IMMENSELY   INSTANTLY   INWARDLY
INDEED   INVARIABLY   IRONICALLY
INDOORS   INVISIBLY   IRRITABLY

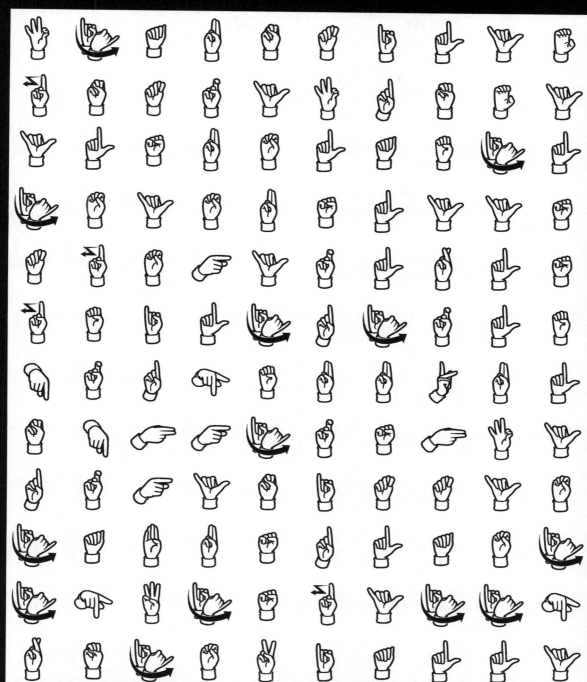

JAGGEDLY   JOVIALLY   JOYOUSLY
JAUNTILY   JOYFULLY   JUST
JEALOUSLY   JOYLESSLY   JUSTLY

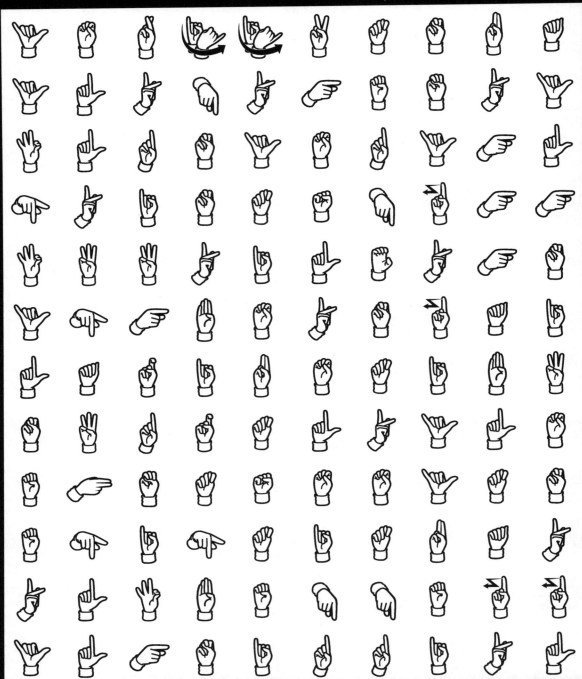

KEENLY   KNOTTILY

KIDDINGLY   KNOWINGLY

KINDLY   KOOKILY

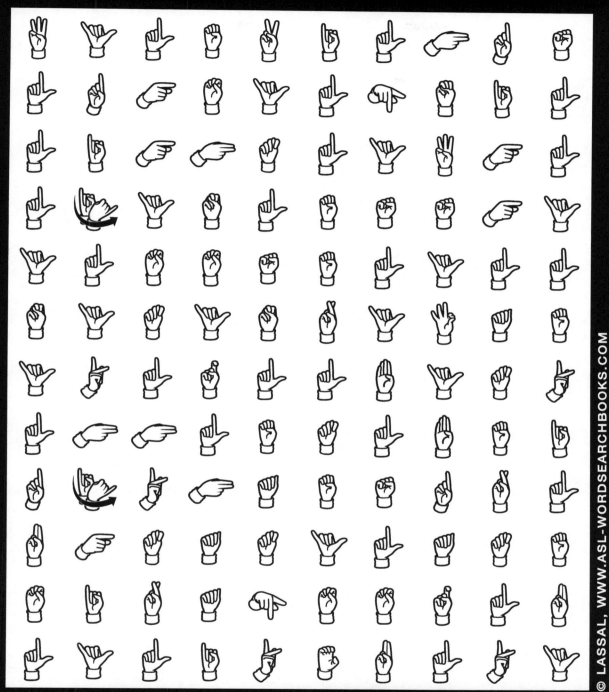

LASTLY
LATE
LATELY
LATER
LESS

LIGHTLY
LIKELY
LIMPLY
LITHELY

LIVELY
LOOSELY
LOUDLY
LOYALLY
LUCKILY

MADLY
MAINLY
MEANLY
MEANTIME
MEANWHILE
MERELY
MERRILY
MONTHLY
MORALLY
MOREOVER
MORTALLY
MOSTLY
MUCH

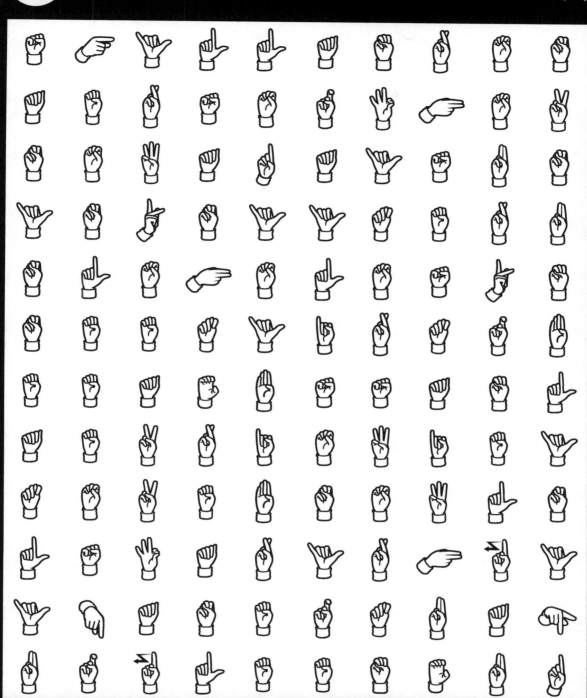

NEARBY
NEARLY
NEATLY
NEVER

NEXT
NICELY
NOISILY
NORMALLY
NOSILY

NOT
NOW
NOWADAYS
NUMBLY

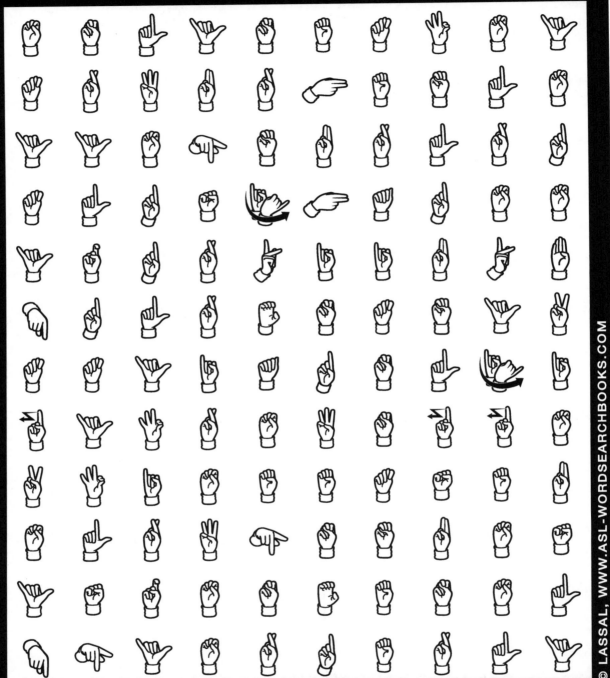

OBVIOUSLY
ODDLY
OFFICIALLY
OFTEN

ONCE
ONLY
OPENLY

ORDERLY
ORDINARILY
OUTDOORS
OUTWARDLY

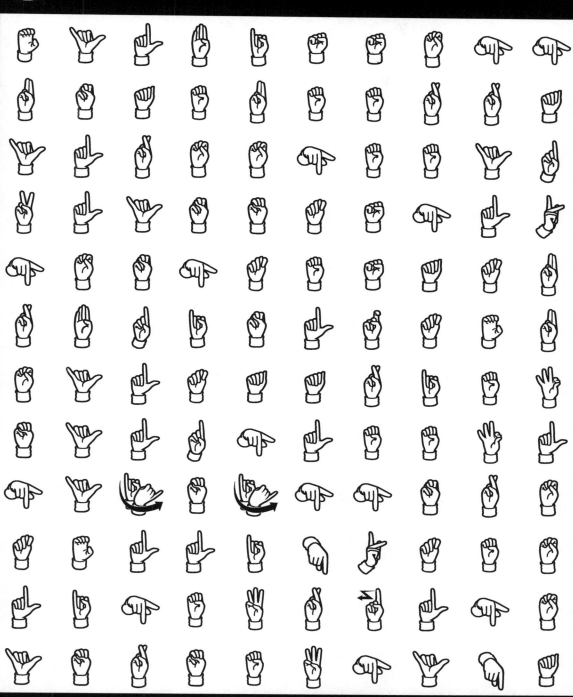

PATIENTLY
PERFECTLY
PLAINLY

POORLY
POSSIBLY
PRESENTLY

PRETTILY
PRIMLY
PROMPTLY

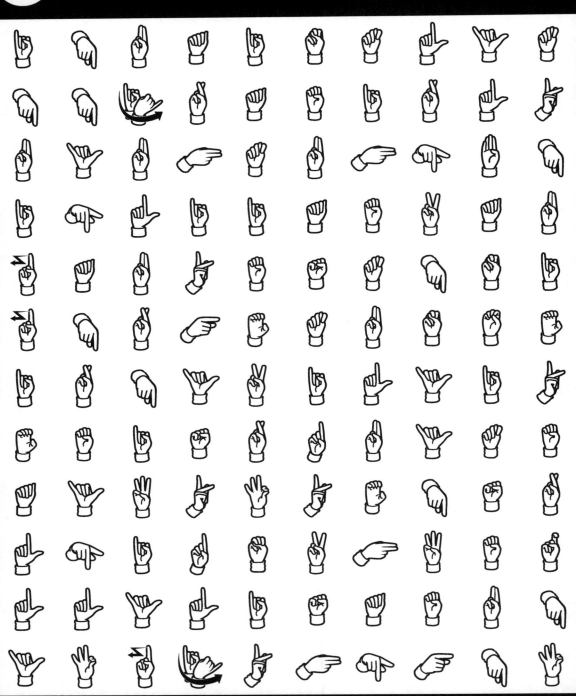

QUAINTLY
QUEASILY
QUESTIONABLY

QUICKER
QUICKLY
QUIETLY

QUIRKILY
QUITE
QUIZZICALLY

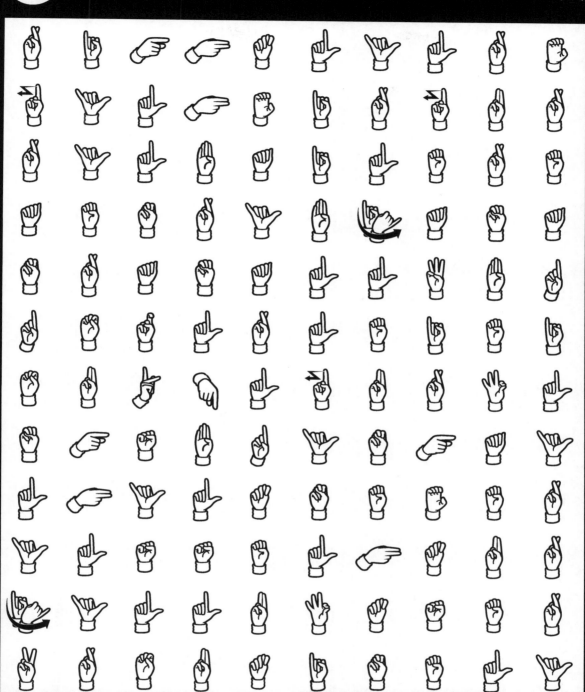

RANDOMLY
RARELY
READILY
REALLY

RECENTLY
REGULARLY
RELIABLY
RESTFULLY
RICHLY

RIGHTLY
ROUGHLY
ROUTINELY
RUTHLESSLY

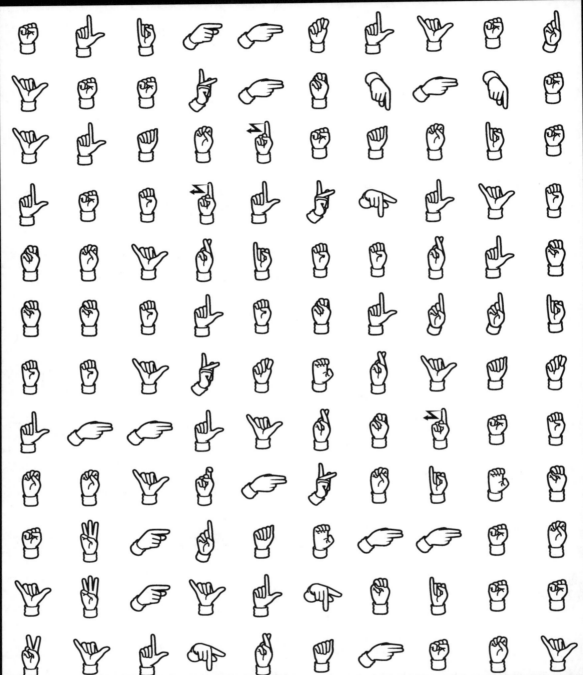

SADLY
SHAKILY
SHARPLY
SHORTLY

SILENTLY
SIMPLY
SINCERELY
SLIGHTLY

SOLELY
SOLEMNLY
SOMEHOW
SOMETIMES

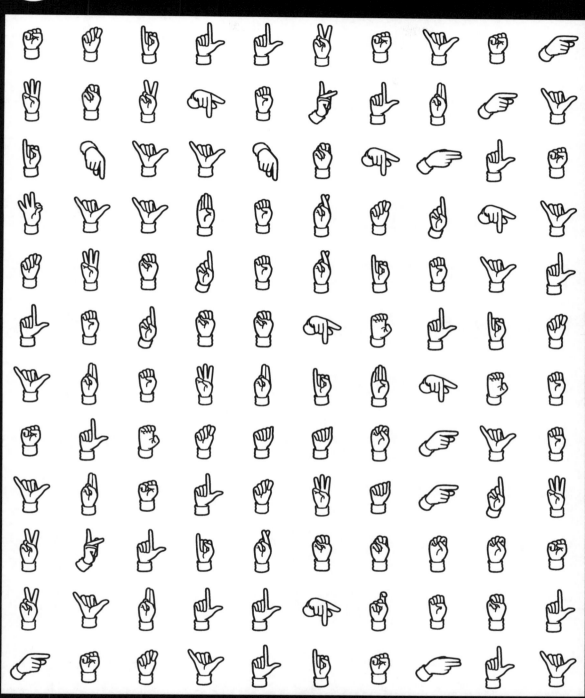

SOON
SPECIALLY
STILL

STUPIDLY
STYLISHLY
SUDDENLY
SUITABLY

SUPREMELY
SWEETLY
SWIFTLY

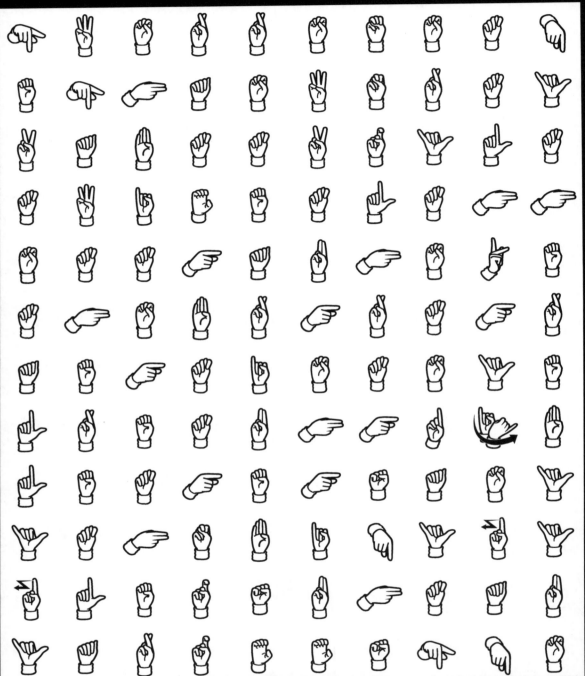

THEN
THERE
THEREBY
THOROUGHLY

THUS
TIGHTLY
TODAY
TOGETHER
TOMORROW

TOO
TOTALLY
TRULY
TWICE

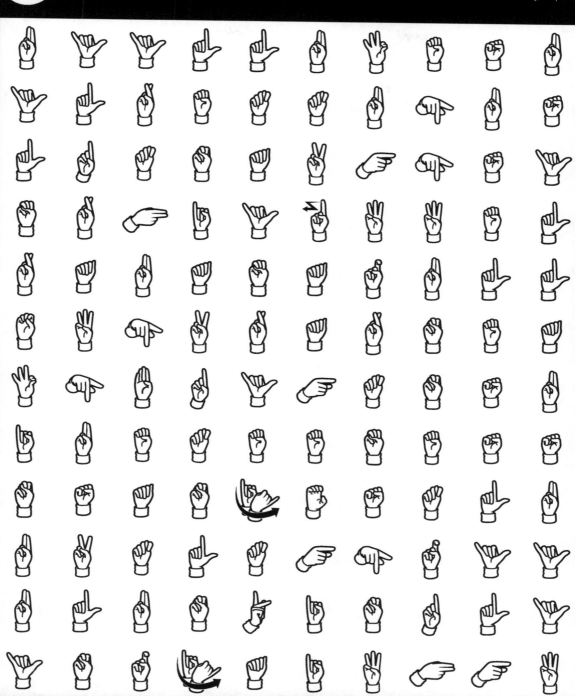

ULTIMATELY
UNIFORMLY
UNKINDLY
UPBEAT

UPWARD
UPWARDLY
URGENTLY

USEFULLY
USELESSLY
USUALLY
UTTERLY

ADVERBS STARTING WITH "V"

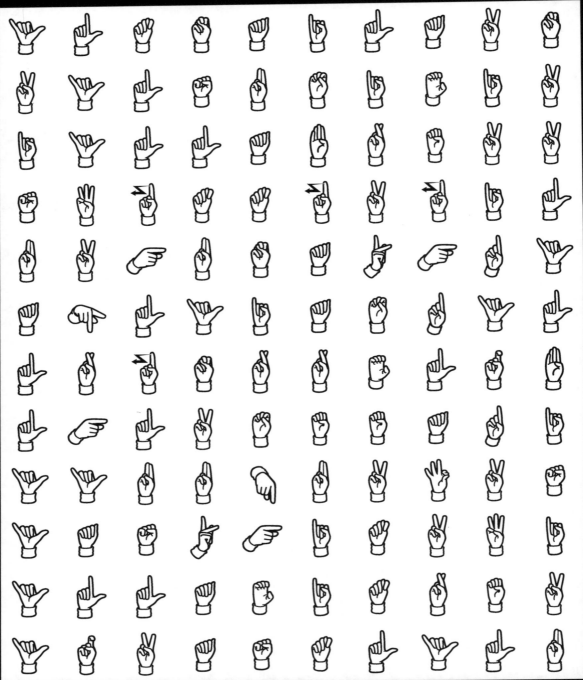

VACANTLY
VAGUELY
VAINLY
VALIANTLY

VASTLY
VERBALLY
VERTICALLY
VERY

VICIOUSLY
VIGOROUSLY
VISIBLY
VISUALLY

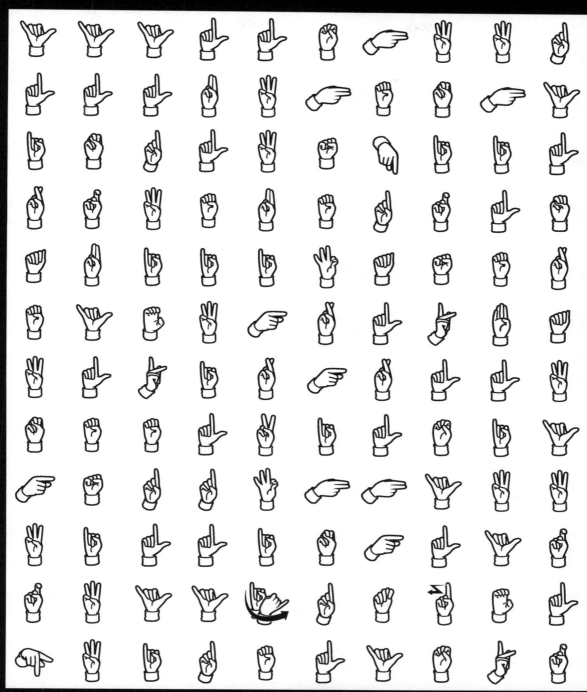

WARMLY
WEAKLY
WEARILY
WHEN
WHILE

WHOLLY
WICKEDLY
WIDELY
WIGGLY

WILDLY
WILLFULLY
WILLINGLY
WISELY
WORRIEDLY

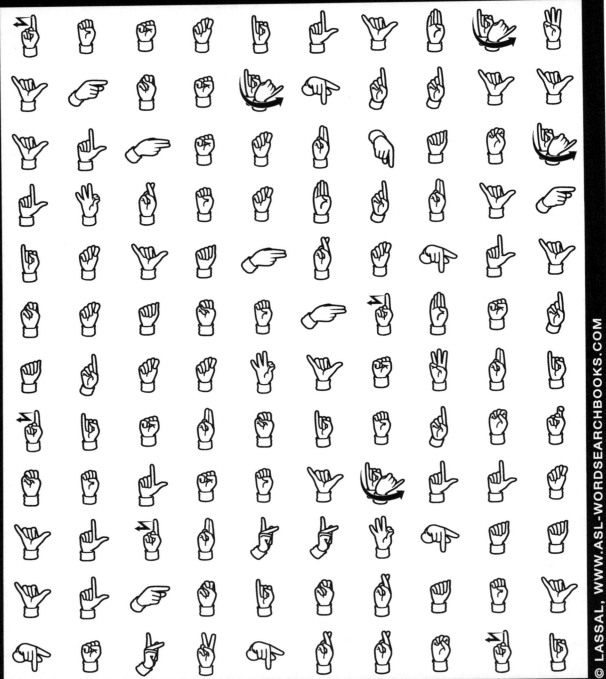

YEARLY
YEARNINGLY
YESTERDAY
YET

YOUTHFULLY
ZANILY
ZEALOUSLY
ZESTILY

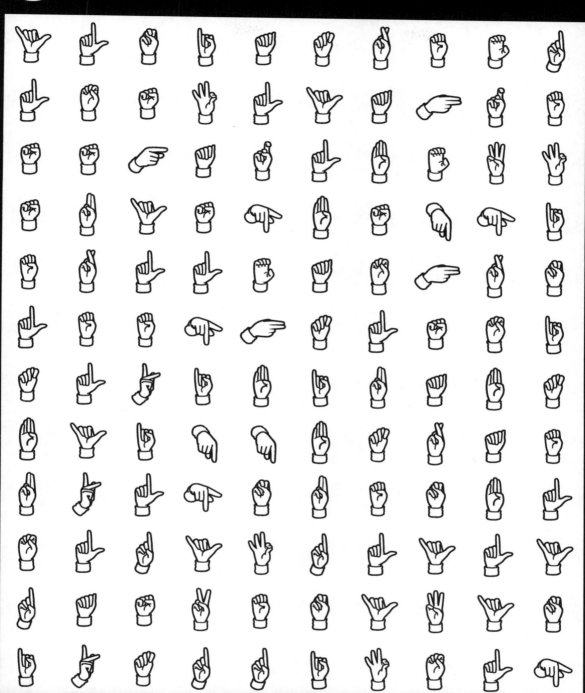

ABSOLUTELY
CERTAINLY
DEFINITELY
DOUBTLESSLY

INDUBITABLY
LIKELY
PROBABLY
SURELY

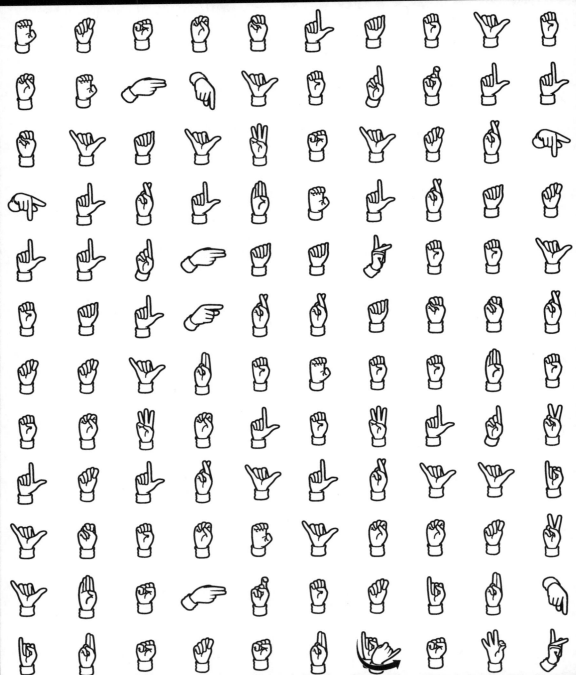

ALMOST
BARELY
COMPLETELY
EXTREMELY
HARDLY

JUST
LESS
NEARLY
QUITE
SCARCELY

THOROUGHLY
TOO
TOTALLY
VERY
WEAKLY

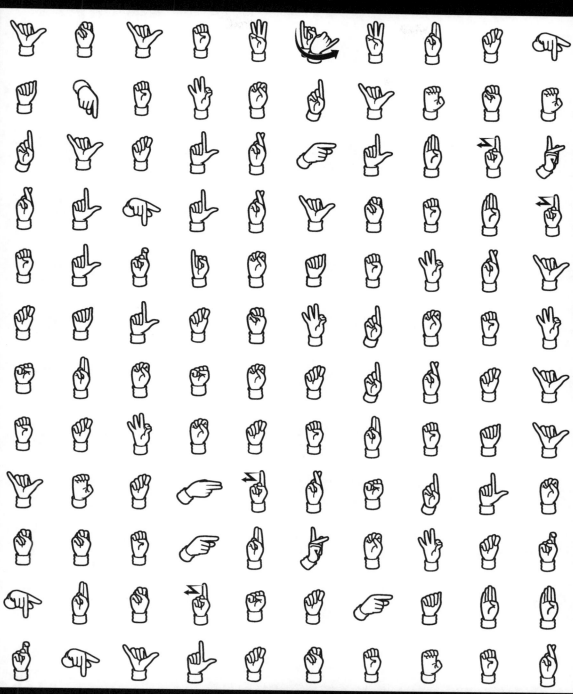

AFTER	PUNCTUALLY	TODAY
BEFORE	RECENTLY	TOMORROW
LATER	STILL	YESTERDAY
OFTEN	SUDDENLY	YET

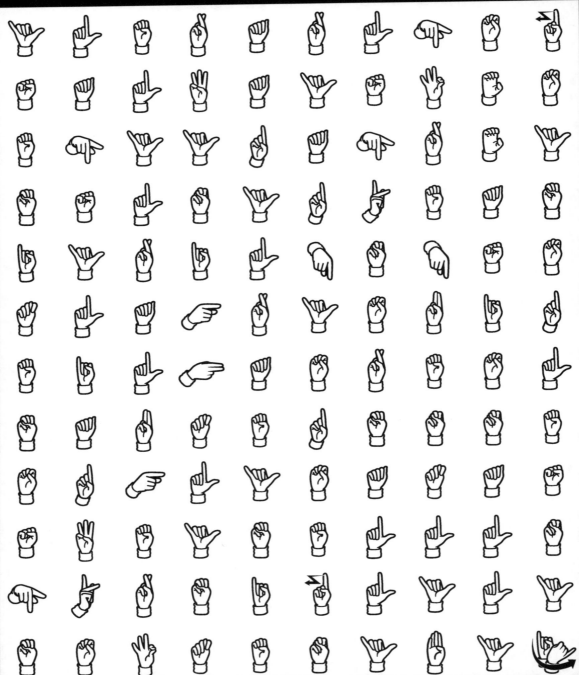

ALWAYS
DAILY
FREQUENTLY
NIGHTLY

NORMALLY
OCCASIONALLY
OFTEN
RARELY

REGULARLY
SELDOM
SOMETIMES
YEARLY

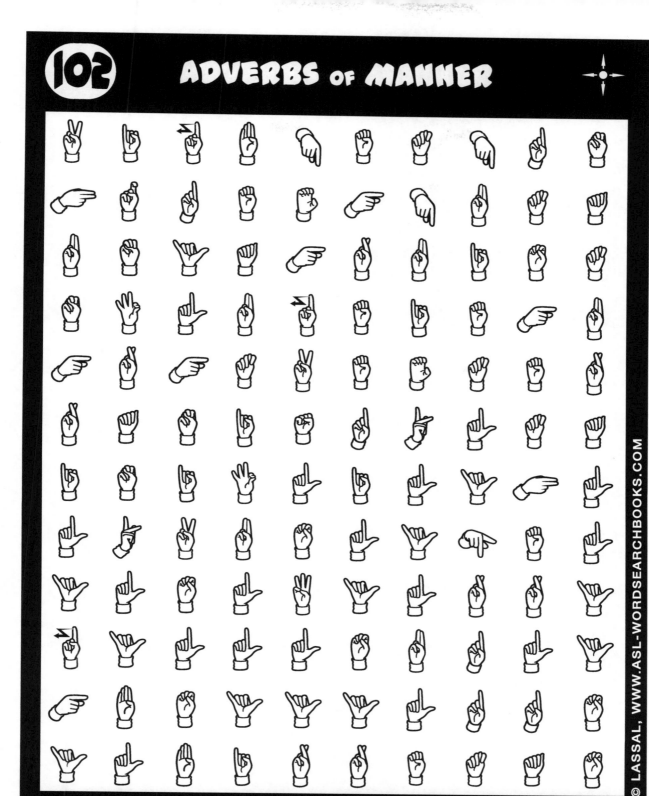

BEAUTIFULLY
FRANKLY
GREEDILY
HUNGRILY

LOUDLY
LOVINGLY
NATURALLY
ODDLY
QUICKLY

QUIETLY
SLOWLY
TERRIBLY
TOGETHER

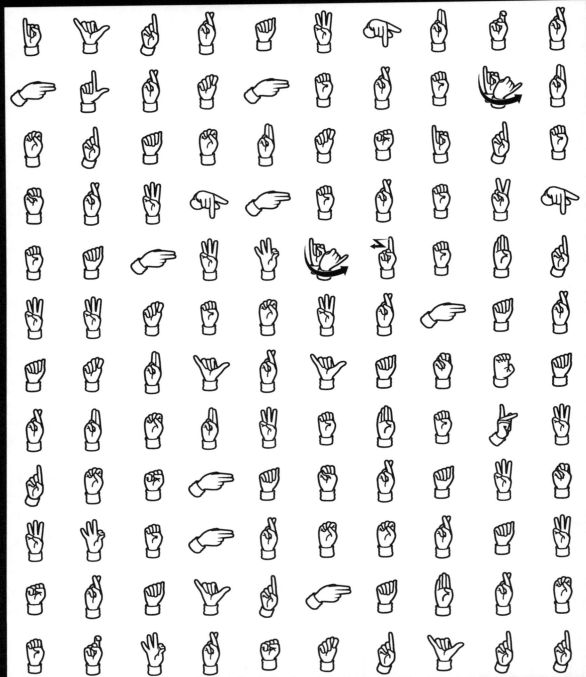

ABROAD
BACKWARD
DOWNWARD
EVERYWHERE
FAR

FORWARDS
HERE
HOME
HOMEWARD
NEARBY
OUTSIDE

OUTWARDLY
SOUTHWARD
THERE
UP
UPWARD

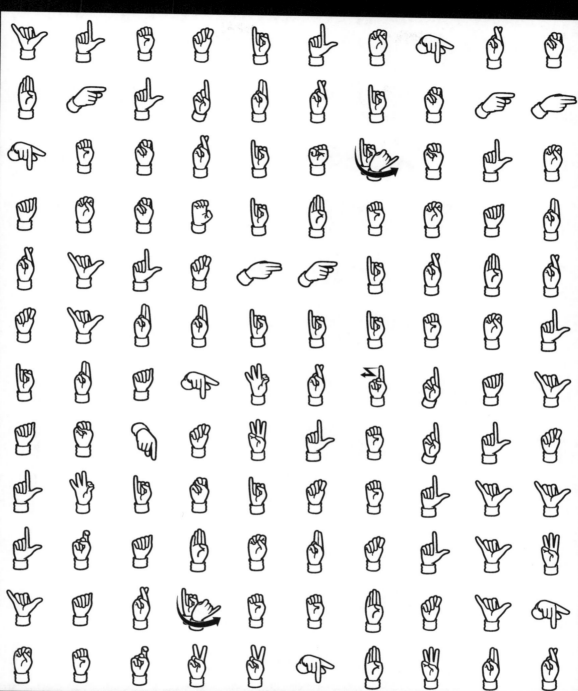

ABOUT
BRIGHTLY
DURING
ENTIRELY
FINITELY

HOURLY
MORE
PARTIALLY
POLITELY
RIGIDLY

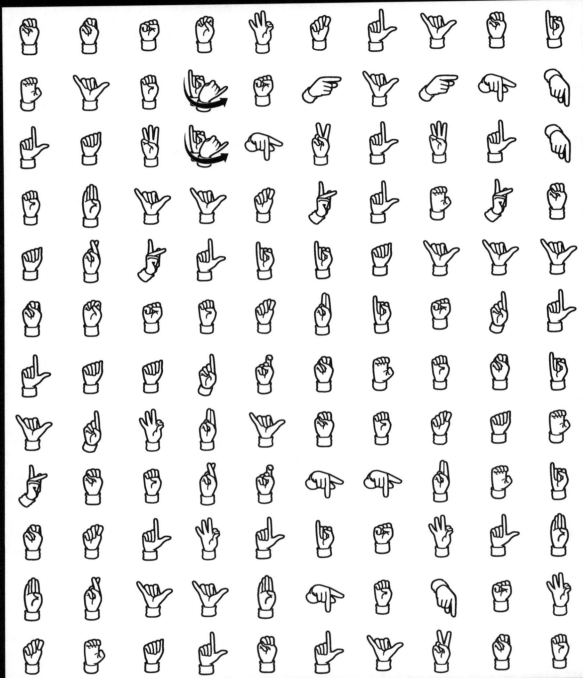

ABROAD
CALMLY
CLEANLY
DEEPLY
ESPECIALLY

FLUENTLY
ICILY
RUDELY
SAFELY
SOFTLY

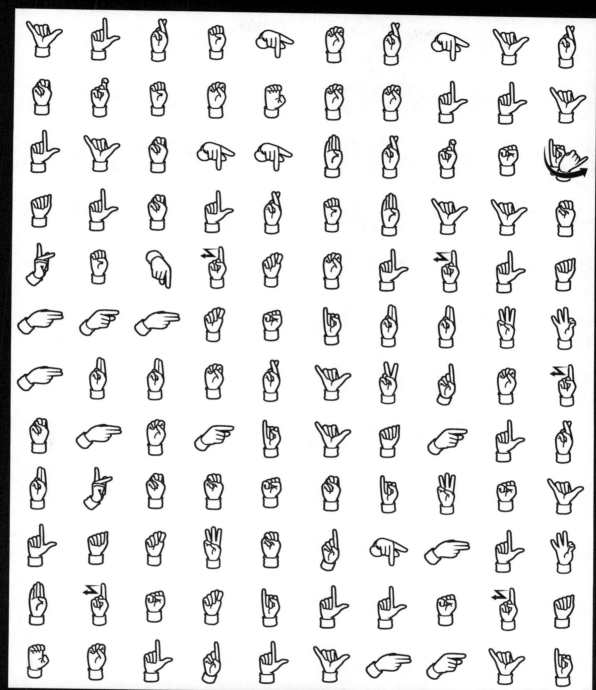

ALWAYS
ANGRILY
COLDLY
COOLLY
HUGELY

PROPERLY
PROUDLY
SLOWLY
STILL
UTTERLY

AROUND
AWFULLY
CRUELLY
CUTELY
HALFWAY

NEVER
OVERSEAS
PROBABLY
STRICTLY
SUBTLY

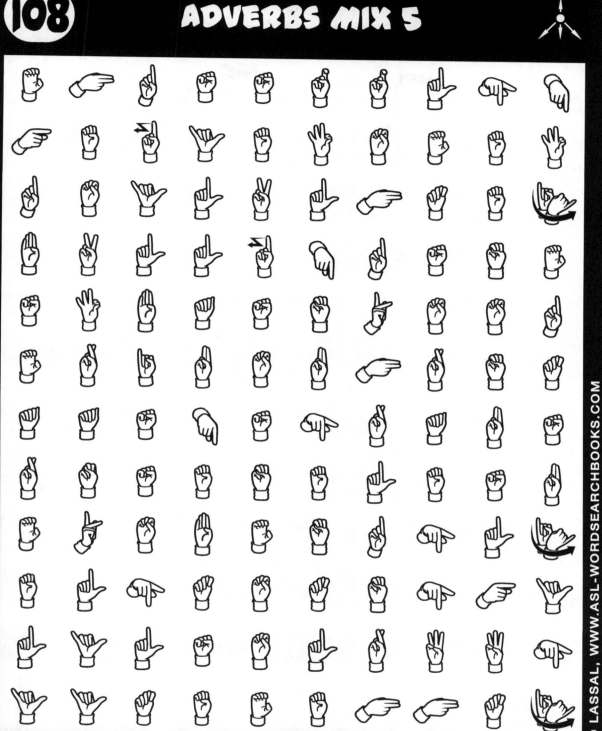

ALMOST
CORRECTLY
EQUALLY

FRANKLY
JUST
POSSIBLY

SCARCELY
SELDOM
SURELY

ADJECTIVES

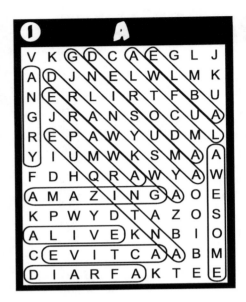

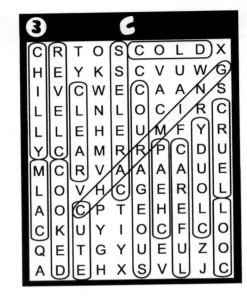

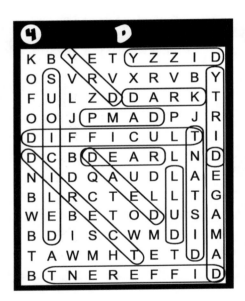

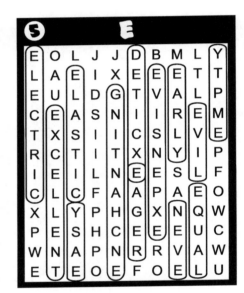

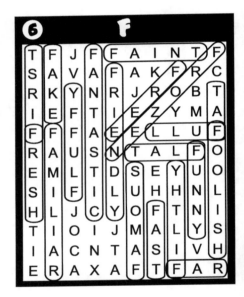

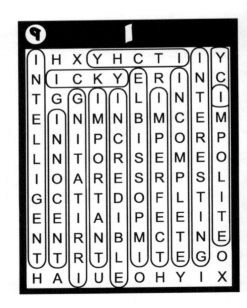

ADJECTIVES

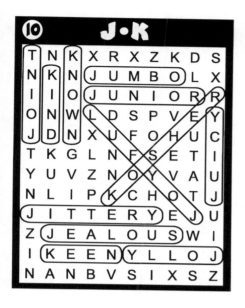

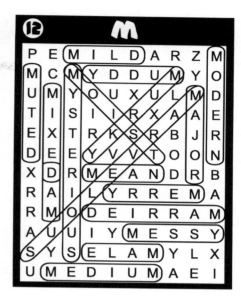

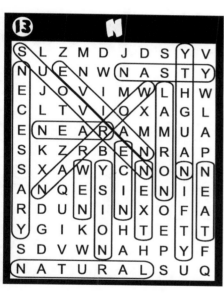

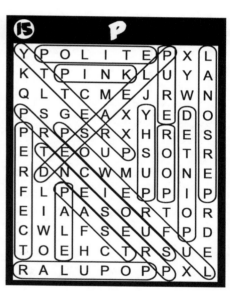

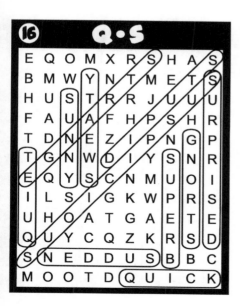

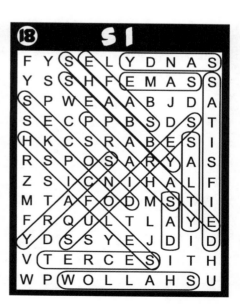

ADJECTIVES

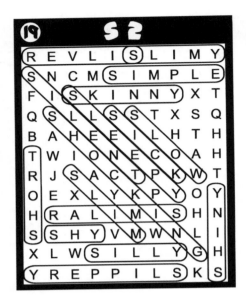

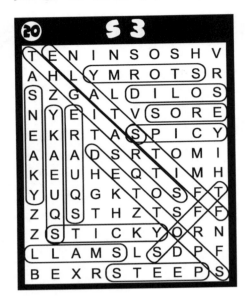

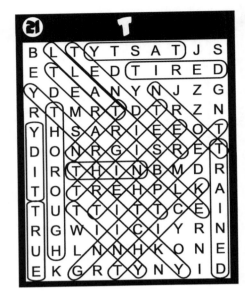

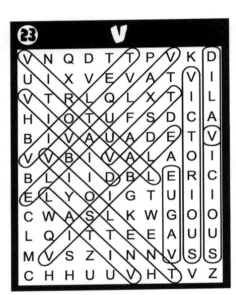

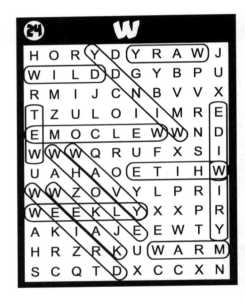

ADJECTIVES

28 TOUCH

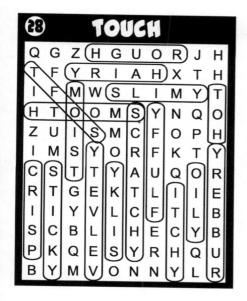

29 PLACE

30 WEATHER

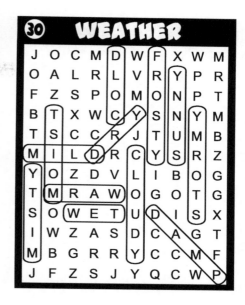

31 MIX 1

32 MIX 2

33 MIX 3

34 COLOR

35 FEELINGS 1

36 FEELINGS 2

VERBS

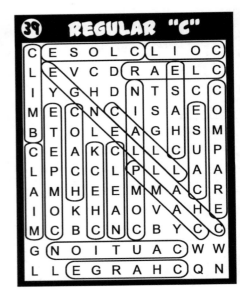

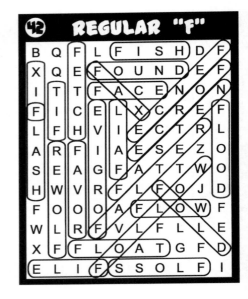

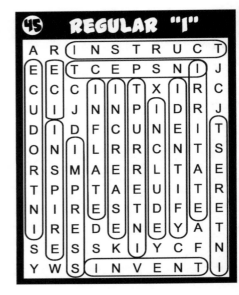

VERBS

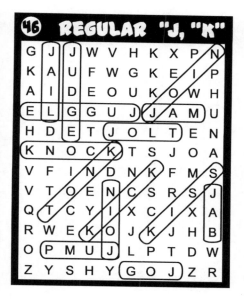

46 REGULAR "J," "K"

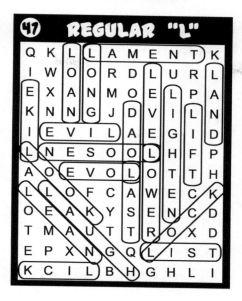

47 REGULAR "L"

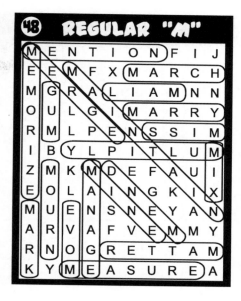

48 REGULAR "M"

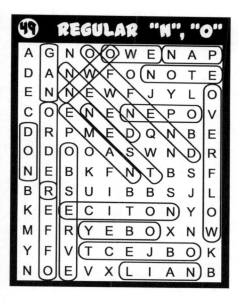

49 REGULAR "N", "O"

50 REGULAR "P"

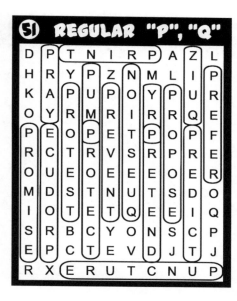

51 REGULAR "P", "Q"

52 REGULAR "R"

53 REGULAR "S"

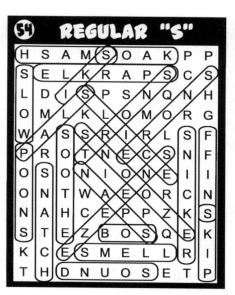

54 REGULAR "S"

VERBS

55 REGULAR "S"

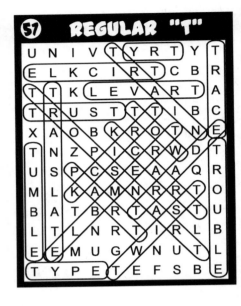

56 REGULAR "T"

57 REGULAR "T"

58 REGULAR "U"

59 REGULAR "V"

60 REGULAR "W"

61 REGULAR "W"–"Z"

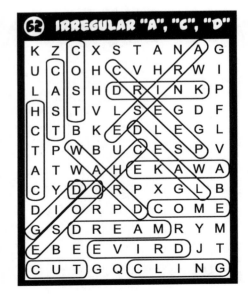

62 IRREGULAR "A", "C", "D"

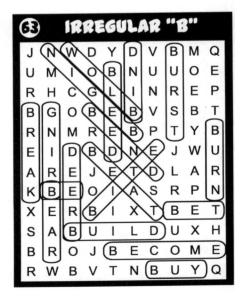

63 IRREGULAR "B"

VERBS

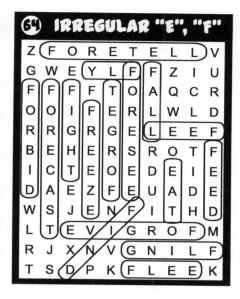

64 IRREGULAR "E", "F"

```
Z F O R E T E L L V
G W E Y L F F Z I U
F F F F T O A Q C R
F O I F E R L W L D
O R G R G E L E E F
R G H E R S R O T F
B E T E O E D E A E
I E A Z F E U T H E
D W S J E N F I H D
L T E V I G R O F M
R J X N V G N I L F
T S D P K F L E E K
```

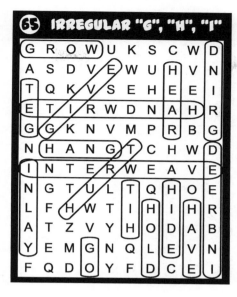

65 IRREGULAR "G", "H", "I"

```
G R O W U K S C W D
A S D V E W U H V N
T Q K V S E H E E I
E T I R W D N A H R
G G K N V M P R B G
N H A N G T C H W D
I N T E R W E A V E
N G T U L T Q H O E
L F H W T I H I H R
A T Z V Y H O D H B
Y E M G N Q L E V N
F Q D O Y F D C E I
```

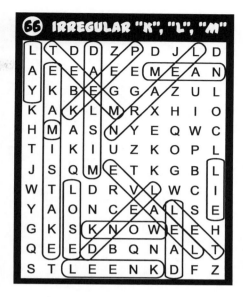

66 IRREGULAR "K", "L", "M"

```
L T D D Z P D J L D
A Y E E A E E M E A N
A K B E G G A Z U L
K A K L M R X H I O
H M A S N Y E Q W C
I K I U Z K O P L
J S Q M E T K G B L
W T L D R V L W C I
Y A O N C E A L S E
G K S K N O W E E H
Q E E D B Q N A L T
S T L E E N K D F Z
```

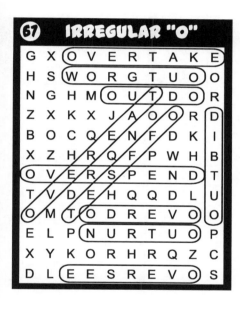

67 IRREGULAR "O"

```
G X O V E R T A K E
H S W O R G T U O O
N G H M O U T D O R
Z X K X J A O O R D
B O C Q E N F D K I
X Z H R Q F P W H B
O V E R S P E N D T
T V D E H Q Q D L U
O M T O D R E V O O
E L P N U R T U O P
X Y K O R H R Q Z C
D L E E S R E V O S
```

68 IRREGULAR "P", "Q", "R"

```
Y L P X V U R G W S
W A A L R L N I N L
Y Q R I D E E U N E
L U T M R T W C R G
F I A E D J U D F B
V T K T W F A P I D
F S E F K E V P N K
B W D L R M R Z R Y
S H D Q S O H D F N
Q W D I V Z O O F S
V R L E R C E S I R
K R N E C S M U B Y
```

69 IRREGULAR "S"

```
A P A S H O O T S S
P E K E M T T K H H
Y E A R D F S V H E O
A S L E D V P H I D W
S S H A K E R D T W
D G E E K I L O A
T N N D T M N H S Z
G S E I U K I T E B
S E T S S L T S U H B
G E H D E H S W H S L
C W W S E L L T S L
S Y J R K E W I H F
```

70 IRREGULAR "S"

```
W E S E S C S H H K
S K V P S W I M O C
V L R D R M E H F I
S L I N G I G E S T
E S S T C N N T P S
D T P H G S I G M A
I A R P N R W T C
R N E E G G T Z S T
T D A I G T S S X R
S K D X N I P S W M
Y L R D R A E W S R
P F S P E N D P Q J
```

71 IRREGULAR "T", "U"

```
O D C J K W G G L R
P L M S T H R O W G
T O O E U T E L L J
H H K F N O Q T R E
R P E L D F X T A Z
U U H T E A C H E D
S S T T R E A D T T
T N T E S P U B M K
A K T K T Q L N N A
Q F P A A L O I D D
S F W T N Z H J O
S K P J D T F C K R
```

72 IRREGULAR "W"

```
X S Y D H R W Y H K
W E E P M M Q I Y A
R T V K Z S B L A H
J A A S A V F S L R
H W E F C W Y F Y G
G I W W D N I W A P
Q T X W W T I N W O
O H O R E N R O F J
S D W I T H H O L D
C R B N E T I R W W
A A D G K T R Y H K
L W T K Z E X A T W
```

ADVERBS

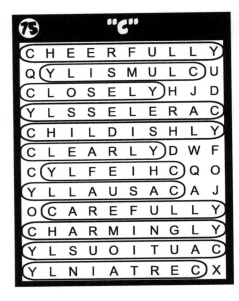

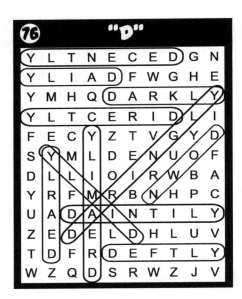

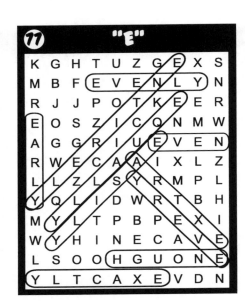

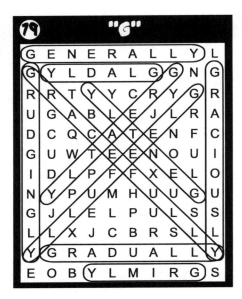

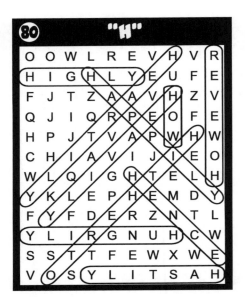

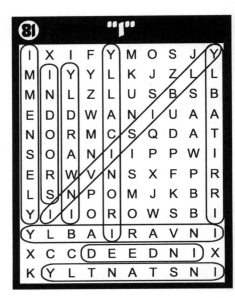

ADVERBS

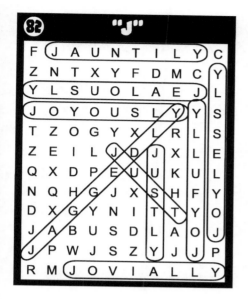

82 "J"

F J A U N T I L Y C
Z N T X Y F D M C Y
Y L S U O L A E J L
J O Y O U S L Y Y S
T Z O G Y X L R L E
Z E I L J D J X L L
Q X D P E U U K U Y
N Q H G J X S H F O
D X G Y N I T T Y J
J A B U S D L A J P
J P W J S Z Y J J P
R M J O V I A L L Y

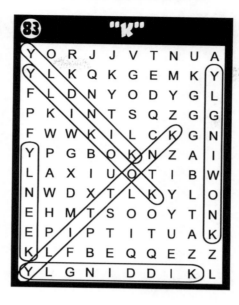

83 "K"

Y O R J J V T N U A
Y L K Q K G E M K Y
F L D N Y O D Y G L
P K I N T S Q Z G N
F W W K I L C K G I
Y P G B O K N Z A W
L A X I U O T I B O
N W D X T L K Y L N
E H M T S O O Y T K
E P I P T I T U A Z
K L F B E Q Q E Z Z
Y L G N I D D I K L

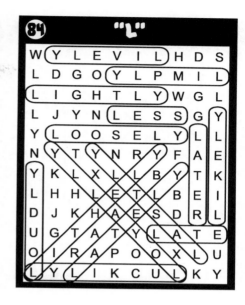

84 "L"

W Y L E V I L H D S
L D G O Y L P M I L
L I G H T L Y W G L
L J Y N L E S S Y L
Y L O O S E L Y L L
N Y T Y N R Y F A E
K L X L L B Y T K I
L H H L E T L B E L
D J K H A E S D R L
U G T A T Y L A T E
O I R A P O O X L U
L Y L I K C U L K Y

85 "M"

M O N T H L Y T V M
J M E A N T I M E A
M R K K X W F L G D
E O Q Y L N I A M L
R H S J L H U Y T Y
R C D T W Y L N E M
I U I N L L Q X E Y
L M A E A Y V A F J
Y E R T S U N H S N
M E R Y L L A R O M
M O T Z Y J O C Y U
M O R E O V E R X B

86 "N"

S G Y L L A M R O N
A E R S O X F H O V
N O W A D A Y S U N
Y N K N Y Y T E R U
N L O H O L O S K M
N E E T Y I R T X B
E E A C B S S A M L
A E V R I O W I E Y
T O V E B N O W L N
L S F A R Y R H Z Y
Y Q A N E X T U A P
U X Z L E E M C U D

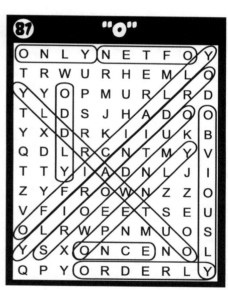

87 "O"

O N L Y N E T F O Y
T R W U R H E M L O
Y Y O P M U R L R D
T L D S J H A D O O
Y X D R K I I U K B
Q D L R C N T M Y V
T T Y I A D N L J I
Z Y F R O W N Z Z O
V F I O E E T S E U
O L R W P N M U O S
Y S X O N C E N O L
Q P Y O R D E R L Y

88 "P"

C Y L B I S S O P P
U N A E U E E R R A
Y L R O O P E E Y D
V L Y N M T S P L K
P O N P T E S A T U
R B D I N L X T C F
O Y L T A A R I E R
M Y L D P L E E R E
P Y J M J P P N O O
T C L L I Q K T E O
L I P E W R Z L P O
M R M E W P Y Q A

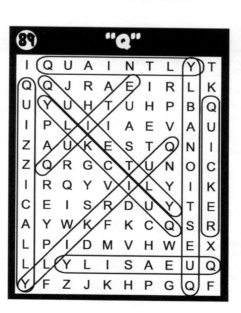

89 "Q"

I Q U A I N T L Y T
Q Q J R A E I R L K
U Y U H T U H P B Q
I P L I I A E V A U
Z A U K E S T Q N I
Z Q R G C T U N O C
I R Q Y V I L Y T K
C E I S R D U Y S E
A Y W K F K C Q S R
L P I D M V H W E X
L L Y L I S A E U Q
Y F Z J K H P G Q F

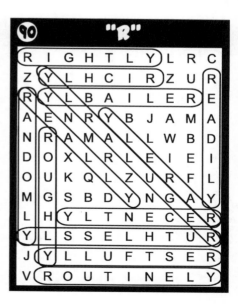

90 "R"

R I G H T L Y L R C
Z Y L H C I R Z U R
R Y L B A I L E R E
A E N R Y B J A M A
N D O X L R L E I E
D O U K Q L Z U R F
O M G S B D Y N G A Y
L H Y L T N E C E R
Y L S S E L H T U R
J Y L L U F T S E R
V R O U T I N E L Y

ADVERBS

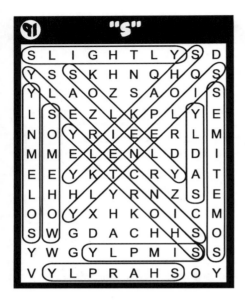

91 "S"

```
S L I G H T L Y S D
Y S S K H N Q H Q S
Y L A O Z S A O I S
L S E Z L K P L Y E
N O O Y R I E E R L M
M E M E L E N L D A I
E H O Y K T C R Y A T
L O H L Y R N Z S S E
O S W G D A C H H S M
Y W G Y L P M I S S S
V Y L P R A H S O Y
```

92 "S"

```
S T I L L V S Y S G
W N V P E K L U G Y
I Q Y Y Q N P H L S
F Y Y B E R T D P Y
T W M D E R I E Y L
L E D M M P C L I T
Y U E W U I B P C E
S L C T A A O G Y E
Y U S L T W A G D W
V K L I R M N O O S
V Y U L L P X E M L
G S T Y L I S H L Y
```

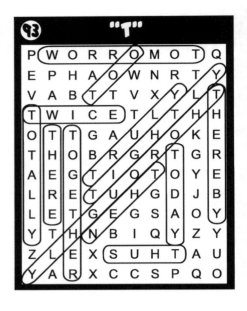

93 "T"

```
P W O R R O M O T Q
E P H A O W N R T Y
V A B T T V X Y L T
T T W I C E T L T H H
O T T G A U H O K E
T H O B R G R T G Y R
A E G T I O T O Y E
L R E T U H G S A B
L T H N B I Q Y J Y
Z L E X S U H T A U
Y A R X C C S P Q O
```

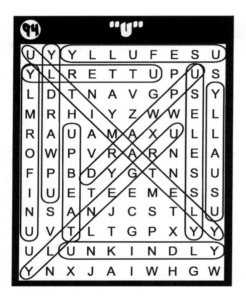

94 "U"

```
U Y Y L L U F E S U
Y L R E T T U P U S
L D T N A V G P S Y
M R H I Y Z W W E L
R A U A M A X U L L
O W P V R A R N E A
F I P B D Y G T N S U
I U E T E E M E S S
N S A N J C S T L U
U V T L T G P X Y Y
U L U N K I N D L Y
Y N X J A I W H G W
```

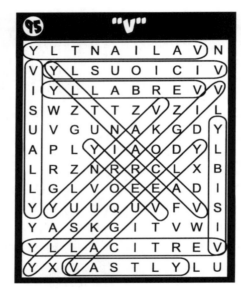

95 "V"

```
Y L T N A I L A V N
V Y L S U O I C I V
I Y L L A B R E V V
S W Z T T Z V Z I L
U V G U N A K G D Y
A P L Y I A O D Y L
L R Z N R R C L X B
L G L V O E E A D I
Y U U Q U V F V S
Y A S K G I T V W I
Y L L A C I T R E V
Y X V A S T L Y L U
```

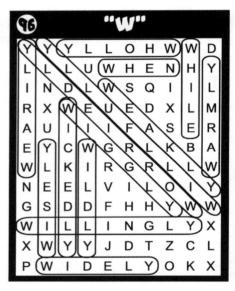

96 "W"

```
Y Y Y L L O H W W D
L L L U W H E N H I
I N D L W S Q I L L
R X W E U E D X M
A U I I I F A S E R
E Y C W G R L K B A
W L K I R G L L W
N E E L V I L O I Y
G S D D F H H Y W W
W I L L I N G L Y
X W Y Y J D T Z C L
P W I D E L Y O K X
```

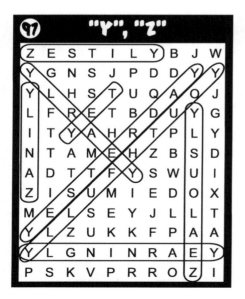

97 "Y", "Z"

```
Z E S T I L Y B J W
Y G N S J P D D Y Y
Y L H S T U Q A O J
L F R E T B D U Y G
I T Y A H R T P L Y
N T A M E H Z B S D
A D T T F Y S W U I
Z I S U M I E D O X
M E L S E Y J L L T
Y L Z U K K F P A A
Y L G N I N R A E Y
P S K V P R R O Z I
```

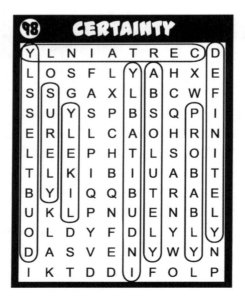

98 CERTAINTY

```
Y L N I A T R E C D
L O S F L Y A H X E
S S G A X L B C W F
S U Y S P B A S Q I
E U R L L C A T H N
L E E P H T U O S I
L K I B I Q H R T
B L K Q Q B U E N E
U K L P N T R N B L
O L D Y F O A B Y
D A S V E N Y W Y
I K T D D I F O L P
```

99 DEGREE

```
C T S O M L A E Y E
O C H Q Y E D X L P
M H A R Y W S Y T R A
P L R D L H G U R E N
L A L B A C E A M T
E T U G W L K M E R
E O O H Y E R C Y E
L T N R O L R D Y
Y B O C Y O O T V
I U S H X E T I U Q
U T S U J S F K
```

ADVERBS

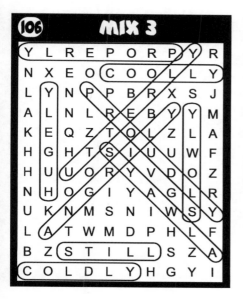

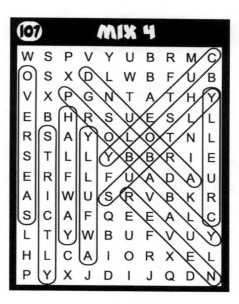

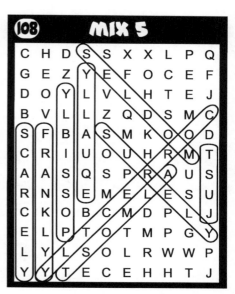

AMERICAN SIGN LANGUAGE ALPHABET

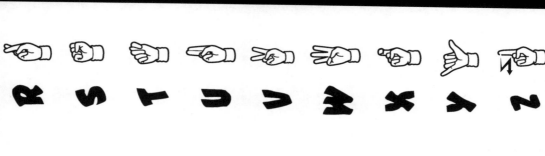

A B C D E F G H I

J K L M N O P Q

R S T U V W X Y Z

© LASSAL

WWW.FINGERALPHABET.ORG/NORTH-AMERICA/USA

AMERICAN SIGN LANGUAGE ALPHABET

A B C D E F G H I

J K L M N O P Q

R S T U V W X Y Z

© LASSAL

WWW.FINGERALPHABET.ORG/NORTH-AMERICA/USA

WWW.LEGENDARYMEDIA.DE/WORDSEARCH

WWW.LEGENDARYMEDIA.DE/WORDSEARCH

AMERICAN SIGN LANGUAGE ALPHABET

A B C D E F G H I

J K L M N O P Q

R S T U V W X Y Z

AMERICAN SIGN LANGUAGE ALPHABET

A B C D E F G H I

J K L M N O P Q

R S T U V W X Y Z

WWW.LEGENDARYMEDIA.DE/WORDSEARCH

WWW.LEGENDARYMEDIA.DE/WORDSEARCH

A B C D E F G H I

J K L M N O P Q

R S T U V W X Y Z

A B C D E F G H I

J K L M N O P Q

R S T U V W X Y Z

Made in the USA
San Bernardino, CA
06 February 2017